per Esperanto

EKSPRESE AL LA

KOREA

per Esperanto

EKSPRESE AL LA KOREA

D-ro BAK Giwan

Eldonejo Azaleo

Eksprese al la korea

인 쇄 : 2024년 8월 24일 초판 1쇄
발 행 : 2024년 8월 30일 초판 1쇄
지은이 : 박기완
펴낸이 : 오태영(Mateno)
출판사 : 진달래
신고 번호 : 제25100-2020-000085호
신고 일자 : 2020.10.29
주 소 : 서울시 구로구 부일로 985, 101호
전 화 : 02-2688-1561
팩 스 : 0504-200-1561
이메일 : 5morning@naver.com
인쇄소 : TECH D & P(마포구)

값 : 13,000원(USD 10$)
ISBN : 979-11-93760-16-1(03790)
ⓒ 박기완

Enhavo

Antaŭparolo

En 1989 eldoniĝis mia libro "Korea Eksprese" por la ĝenerala lernado de la korea. Sed verdire ĝi estis entute iom komplika, mi konfesas. Mi ĉiam esperadis, ke alilandaj esperantistoj povu facile lerni la korean pere de Esperanto. Por tio mi daŭre klopodas ankoraŭ.

Intertempe en la jaro 1994 publikiĝis mia broŝureto "Provu en la korea", kiam okazis la 79-a UK en Seulo. Ĝi fakte estis tre malgranda kaj enhave tre malriĉa, ĉar ĝi estis eldonita ĉefe por la portempa uzo de tiamaj UK-partoprenantoj.

Jen mi publikigas la novan pli koncizan kaj facilan lernolibron de la korea. En ĝi mi klopodis doni nepre necesajn kernajn gramatikaĵojn por la korealingva lernado kun simplaj klarigoj, kaj ankaŭ klopodis doni diversajn efektive bezonatajn lingvaĵojn por ĉiutaga vivo. Mi ankaŭ aldonis korea-alfabetajn skribojn je ĉiuj ekzemplaj frazoj krom la latinigoj. (*Mi latinigis ne laŭ la literumo de la korea, sed laŭ la reala prononco. La latinigo do estas la fin-rezulta formo post diversaj sonŝanĝoj.*) Per tio eblus por vi ne nur legi la koreajn frazojn per iliaj latinigoj, sed ankaŭ vidi la aspektojn de koreaj skriboj, aŭ eventuale vi povus ekzerciĝi je la skribado de la korea alfabeto.

Lingvo ne estas simpla kaj facila afero. Ie mi legis, ke korea lingvo estas la 4-a plej malfacila lingvo en la mondo. Ho, ve, sed feliĉe la korea alfabeto, Han-geul (한글), estas konata kiel la 1-a plej facila kaj scienca alfabeto en la mondo. Mi do esperas, ke la nova libro estos bona helpilo por via aliro al korea lingvo kaj al korea alfabeto. Sed samtempe mi devas konfesi, ke mi ne intencis, nek povis skribi ĉion de la korea en la libro. Per ĝi vi ne povas ellerni la tuton de la korea. Sed tamen vi verŝajne povos lerni bazajn gramatikaĵojn de la korea, kaj ankaŭ povos lerni almenaŭ vere necesajn ĉiutagajn frazojn, se vi bone parkeros ilin. Tio estas la celo de la libro.

2024

D-ro BAK Giwan

1. Historio de la korea

Kian aĝon havas la korea lingvo? Oni ne bone scias tion pro manko de historiaj dokumentoj. Sed estas kredeble, ke la lingvo de la reĝolando Silla (신라) en la epoko de Sud-Nordaj Dinastioj (A.D. 668-935) estas la bazo de nuna korea lingvo. Antaŭ tiu tempo en korea duoninsulo ekzistis tri reĝolandoj, nome Goguryeo (고구려), Baekje (백제) kaj Silla (신라). Estas raportite, ke la lingvoj de tiuj tri landoj estis nur malmulte diferencaj inter si. Sed oni ne scias, kiel granda estis la diferenco.

En korea duoninsulo de longe uziĝis ideografiaĵoj pruntite el Ĉinio. Kaj ĉar la literoj pruntitaj el Ĉinio ne estas fonogramoj sed ideogramoj, la libroj skribitaj en ili ne bone montras la veran figuron, precipe la sonon de la lingvo. Tio donas malhelpon al la studo de malnova korea lingvo.

Sed en la jaro 1443 la reĝo Sejong (세종, legu [sedʒoŋ]) de Joseon (조선, la reĝolando en siatempa unuigita korea duoninsulo) inventis fonograman alfabeton por korea lingvo, kaj ĝin oficiale publikigis en 1446. Komence ĝi nomiĝis Hun-Min-Jeong-Eum (훈민정음), kaj konsistis el 28 literoj. Nun ĝi nomiĝas Han-geul (한글), kaj konsistas el 24 literoj. Post la invento de la alfabeto okazis revolucio en la skriba vivo de korea popolo, kaj multaj dokumentoj estis skribitaj en tiu nova alfabeto. Dank'al tio nun ni havas relative bonan scion pri la mezepoka korea lingvo de post la 15-a jarcento.

2. Alfabeto, latinigoj kaj prononcoj

(1) bazaj konsonantaj literoj (14)

literoj	ㄱ	ㄴ	ㄷ	ㄹ	ㅁ	ㅂ	ㅅ	ㅇ	ㅈ	ㅊ	ㅋ	ㅌ	ㅍ	ㅎ
latinigoj	g/k	n	d/t	r/l	m	b/p	s	-/ng	j	ch	k	t	p	h
prononcoj	k/g	n	t/d	r/l	m	p/b	s	-/ŋ	ʧ/ʤ	ʧʰ	kʰ	tʰ	pʰ	h

(2) duoblaj konsonantaj literoj (5)

literoj	ㄲ	ㄸ	ㅃ	ㅆ	ㅉ
latinigoj	kk	tt	pp	ss	jj
prononcoj	k'	t'	p'	s'	ʧ˭

(3) bazaj vokalaj literoj (10)

literoj	ㅏ	ㅑ	ㅓ	ㅕ	ㅗ	ㅛ	ㅜ	ㅠ	ㅡ	ㅣ
latinigoj	a	ya	eo	yeo	o	yo	u	yu	eu	i
prononcoj	a	ja	ə	jə	o	jo	u	ju	ɨ	i

(4) du(tri)oblaj vokalaj literoj (11)

literoj	ㅐ	ㅔ	ㅚ	ㅟ	ㅢ	ㅒ	ㅖ	ㅘ	ㅝ	ㅙ	ㅞ
latinigoj	ae	e	oe	wi	ui	yae	ye	wa	wo	wae	we
prononcoj	ɛ	e	ø	y/wi	ɨj	jɛ	je	wa	wə	wɛ	we

(Notoj)

* *En la korea alfabeto ekzistas nek uskleco nek specialaj formoj por mana skribado aŭ maŝina presado.*

* 'ㄱㄷㅂㅈ'(g d b j) estas prononcataj kiel [g d b ʤ] inter voĉaj sonoj, kaj estas prononcataj kiel [k t p ʧ] en aliaj okazoj, t.e. antaŭ konsonantoj aŭ ĉe vorto-finoj.

* 'ㄹ'(r/l) estas prononcata kiel [r] inter vokaloj, kaj kiel [l] ĉe la fino de la silabo aŭ antaŭ konsonantoj. Kaj tiel same latiniĝas.

* 'ㅇ'(ng) sonas kiel [ŋ], kiam ĝi uziĝas ĉe la lasta segmento de silabo. Sed ĝi fariĝas sensona, kiam ĝi troviĝas antaŭ vokaloj.
* 'ᅱ' prononciĝas aŭ kiel [y] (simpla vokala sono) aŭ kiel [wi] (duobla vokala sono).
* La literoj 'ㄱ ㄷ ㅂ' estas latinigataj per 'g d b' antaŭ vokaloj, kaj per 'k t p' antaŭ konsonantoj aŭ ĉe la vorto-finoj.
* 'ᅴ'(ui) ĝenerale prononciĝas kiel [e] (se ĝi ne havas konsonanton antaŭ si) aŭ kiel [i] (se ĝi havas konsonanton antaŭ si), kaj ili estas oficiale permesataj kiel ĝustaj prononcoj.
* 'ㄱ ㅋ ㄲ'(g k kk) ĉiuj estas prononcataj kiel [k] ĉe la silabo-finoj, se ne sekvataj de vokalo.
* 'ㅂ ㅍ'(b p) ambaŭ estas prononcataj kiel [p] ĉe la silabo-finoj, se ne sekvataj de vokalo.
* 'ㄷ ㅅ ㅆ ㅈ ㅊ ㅌ'(d s ss j ch t) ĉiuj estas prononcataj kiel [t] ĉe la silabo-finoj, se ne sekvataj de vokalo.
* En la korea ne troviĝas la Esperanto-fonemoj /f ĥ ĵ v z/. Kaj tial koreoj havas malfacilon por prononci ilin.

3. Fonologia sistemo

(1) konsonantoj (19)

maniero \ forto \ loko		lipo	lango-pinto	lango-dorso	gorĝo
plozivoj	malfortaj	p/b	t/d	k/g	
	glotigitaj	p'	t'	k'	
	aspiraciaj	pʰ	tʰ	kʰ	
afrikatoj	malforta	ʧ/ʤ			
	glotigita	ʧ'			
	aspiracia	ʧʰ			
frikativoj	malforta		s		h
	glotigita		s'		
nazaloj		m	n	ŋ	
likvidoj			r, l		

(Notoj)

* [p t k ʧ] (litere 'ㅂ ㄷ ㄱ ㅈ') sonas kiel [b d g ʤ] inter voĉaj sonoj (t.e. vokaloj, nazaloj kaj likvidoj).

* [r] kaj [l] skribiĝas per la sama litero 'ㄹ', kiu estas prononcata kiel [r] inter vokaloj, kaj kiel [l] ĉe la fino de la silabo aŭ antaŭ konsonantoj.

(2) simplaj vokaloj (10)

alteco \ loko \ lipo	antaŭaj		mezaj	malantaŭaj
	plataj	rondaj	plataj	rondaj
altaj	i	y	ɨ	u
mezaltaj	e	ø		
iom malaltaj	ɛ		ə	o
plej malalta			a	

(3) duonvokaloj (3)

lipo	plata		ronda
loko	antaŭa	malantaŭa	
	j	ɨ	w

Duonvokaloj ne havas siajn proprajn literojn. Por ili oni uzas la samajn literojn kun 'i, eu, u/o'(ㅣ, ㅡ, ㅜ/ㅗ). Kaj iliaj prononcoj estas relative pli mallongaj ol la simplaj vokaloj.

Por la duonvokalo 'w' oni uzas aŭ la literon 'u'(ㅜ), aŭ la literon 'o'(ㅗ). Se sekve venas la simplaj vokaloj 'a, ae'(ㅏ, ㅐ), oni uzas 'o'(ㅗ), kaj se venas 'eo, e'(ㅓ, ㅔ), oni uzas 'u'(ㅜ). Kaj tial la duoblaj vokaloj skribiĝas respektive 'wa'(ㅘ), 'wae' (ㅙ), kaj 'wo'(ㅝ), 'we'(ㅞ).

Kaj la duobla vokalo 'ui'(ㅢ) estas tre malstabila je prononcado, kaj tial multaj koreoj havas malfacilon por prononci ĝin. Estas do permesite, ke oni prononcu ĝin kiel 'e'([e])(ㅔ), kiam ĝi uziĝas sola kun neniu konsonanto, kaj kiel 'i'[i](ㅣ), kiam ĝi uziĝas post aliaj konsonantoj. Kaj en tiu ĉi libro mi latinigas ilin per la permesitaj realaj prononcoj.

    (Ekzemploj)

      나의 (na-ui)   [na-e]   →   na-e
      너희 (neo-hui)   [nə-hi]   →   neo-hi
      희다 (hui-da)   [hi-da]   →   hida

(4) duoblaj vokaloj (duonvokaloj+simplaj vokaloj) (12)

ㅑ (ㅣ+ㅏ)	ya [ja]		ㅕ (ㅣ+ㅓ)	yeo [jə]
ㅒ (ㅣ+ㅐ)	yae [jɛ]		ㅖ (ㅣ+ㅔ)	ye [je]
ㅛ (ㅣ+ㅗ)	yo [jo]		ㅠ (ㅣ+ㅜ)	yu [ju]

ㅘ (ㅗ+ㅏ)　　wa [wa]　　　ㅝ (ㅜ+ㅓ)　　wo [wə]
ㅙ (ㅗ+ㅐ)　　wae [wɛ]　　ㅞ (ㅜ+ㅔ)　　we [we]
ㅟ (ㅜ+ㅣ)　　wi [wi]　　　ㅢ (ㅡ+ㅣ)　　ui [ɨj]

4. Skribado de korea alfabeto

La baza silabo-strukturo de korea lingvo estas 'KVK' (Konsonanto-Vokalo-Konsonanto). Kaj la nombro de ĉiu konsonanto estas nulo aŭ unu, dum tiu de vokalo estas ĉiam unu (simpla vokalo aŭ duobla vokalo). Teorie do povas ekzisti jenaj silabo-strukturoj en la korea: V, KV, VK, KVK.

Kaj ankaŭ ĉe la skribado per korea alfabeto, oni konservas la bazan strukturon de tri segmentoj. Koreoj skribas sian lingvon laŭ-silabe, t.e. unu silabo estas skribata kiel unu unuo en la formo de kvadrato. La tri segmentoj de la silabo harmonie okupas sian lokon en la kvadrata formo.

Sed ekzistas silaboj kun malpli ol tri segmentoj, nome V kaj KV aŭ VK. Inter ili du-segmentaj silaboj estas harmonie skribataj en la formo de kvadrato, sed unu-vokala silabo estas skribata ne per unu sola vokala litero, sed per sensona litero 'ㅇ' plus la vokalo. Kaj tial se la litero 'ㅇ' venas ĉe la unua segmento, ĝi estas sensona. Sed kiam ĝi venas ĉe la tria segmento, ĝi havas la sonon [ŋ]. Jen estas kelkaj ekzemploj:

아 [a]	야 [ja]	오 [o]
악 [ak]	운 [un]	완 [wan]
앙 [aŋ]	강 [kaŋ]	광 [kwaŋ]

(Noto) En la komenco de la kreiĝo de korea alfabeto la formoj de la sensona 'ㅇ' kaj la sona 'ㅇ'[ŋ] estis malsamaj. La sensona estis sama kiel la nuna, sed la sona estis 'ㆁ' (kun streketo sur la pinto de la cirklo).

5. Karakterizaĵoj de la korea

(1) Aglutineco

Korea lingvo estas aglutina lingvo.

(2) Konversacia lingvo

Oni diras, ke korea lingvo estas fundamente ambaŭ-direkta konversacia lingvo, dum multaj eŭropaj lingvoj estas unu-direktaj priskribaj lingvoj.

(3) Honoraj esprimoj

Korea lingvo havas apartan konjugacion por honoraj esprimoj, kaj ankaŭ havas apartajn honorajn vortojn.

(4) Elimino de subjekto

En korea lingvo subjektoj estas ofte ne-esprimataj, sed oni bone scias, kio estas la subjekto. Tio tute ne ĝenas la komprenon de la interparolantoj. Tio estas avantaĝo de konversacia lingvo.

(5) Tri specoj de predikato: verbo, adjektivo, kopulo.

Koreaj adjektivoj nude (t.e. sen kopulo) staras kiel predikatoj, kaj konjugaciiĝas same kiel verboj. Sed ili ne havas la formojn de durativo kaj volitivo, dum verboj havas ĉiujn formojn. Kaj kopulo 'ida'(이다) estas uzata kiel predikato nur en la formo de 'substantivo+kopulo'.

(6) Graveco de predikato

En korea lingvo tre multaj informoj estas portataj de predikato, kaj predikatoj tre varie konjugaciiĝas (aglutine).

(7) Graveco de postpozicioj

Korea lingvo konas tre multajn kaj diversajn postpoziciojn, kaj ili havas tre gravajn funkciojn.

(8) Ne-ekzisto de genroj

Korea lingvo ne konas genrojn.

(9) Nedeviga esprimo de pluraleco

En la korea la esprimo de multenombreco ne estas deviga.

(10) Prozodio de longeco

Korea lingvo distingas vokalojn per longeco (longo kaj mallongo). Sed ĉe ortografio oni ne markas tion, kaj nur en vortaroj oni markas la longecon per la signo ':'. Nur kelkaj paroj da vortoj estas distingataj per la longeco. Ekzemple 밤 **(bam)** estas 'nokto' kaj 밤:**(ba~m)** estas 'kaŝtano'.

(11) Ne-distingo inter voĉaj kaj senvoĉaj sonoj

Koreoj ne distingas voĉecon kaj senvoĉecon ĉe plozivoj kaj afrikatoj, kaj ili uzas saman literon por ambaŭ sonoj.

(ekz) [k]=ㄱ   [g]=ㄱ

      [t]=ㄷ   [d]=ㄷ

      [p]=ㅂ   [b]=ㅂ

      [ʧ]=ㅈ   [ʤ]=ㅈ

(12) Distingo inter sonoj malfortaj, aspiraciaj kaj glotigitaj

Koreoj bone distingas inter sonoj malfortaj (ordinaraj), aspiraciaj kaj glotigitaj, kaj ili uzas respektive malsamajn literojn.

(ekz) ㄱ/ㅋ/ㄲ   g(k)/k/kk   [k /k^h /k']

     ㄷ/ㅌ/ㄸ   d(t)/t/tt   [t /t^h /t']

     ㅂ/ㅍ/ㅃ   b(p)/p/pp   [p /p^h /p']

     ㅅ/ /ㅆ   s/ /ss   [s / /s']

     ㅈ/ㅊ/ㅉ   j/ch/jj   [ʧ /ʧ^h /ʧ']

Kaj tial korea /p/ estas iom malforta ol Esperanta /p/, kaj korea /p^h/ estas iom pli forta ol ĝi.

(13) Unu litero por unu fonemo

Korea lingvo kaj korea alfabeto ĝenerale obeas la regulon de 'unu litero por unu fonemo, kaj unu fonemo por unu litero', same kiel Esperanto, sed ne ĉiam.

6. Fonologiaj reguloj

Por bone prononci la korean vi devas scii ĝiajn fonologiajn regulojn. Jen mi donas kelkajn plej gravajn regulojn. Inter ili kelkaj estas, ekzakte dirite, ne fonologiaj reguloj, sed fonetikaj reguloj.

(1) Ĉe prononcado, se post la silaboj VK aŭ KVK venas la silaboj V aŭ VK, la lasta konsonanto de la antaŭa silabo faras unu silabon kunligite kun la sekva vokalo, kaj la silabo-strukturo do fariĝas V-KV, V-KVK aŭ KV-KV, KV-KVK.

(Ekzemploj)

VK-V	악어 →아거 (V-KV)	ag-eo	→ a-geo
KVK-V	국어 →구거 (KV-KV)	gug-eo	→ gu-geo
VK-VK	약을 →야글 (V-KVK)	yag-eul	→ ya-geul
KVK-VK	낯을 →나츨 (KV-KVK)	nach-eul	→ na-cheul
KVK-VK	격앙 →겨강 (KV-KVK)	gyeog-ang	→ gyeo-gang

(Noto) La litero '○' ĉe la unua segmento de silabo havas nenian sonon. Kaj la litero '○' ĉe la lasta segmento de silabo havas la sonon 'ng'([ŋ]).

(2) Ĉiuj silaboj, havantaj konsonanton ĉe la fina segmento, devas finiĝi per jenaj 7 konsonantoj: 'ㄱ ㄴ ㄷ ㄹ ㅁ ㅂ ○'(g n d l m b ng). Kaj tial la aliaj konsonantoj devas ŝanĝiĝi al tiuj 7 ĉe la silabo-fino (se ne sekvataj de vokalo), kiel ĉi sube. Jen ne temas pri literoj, sed pri fonemoj.

① ㅋ ㄲ → ㄱ (k kk → g) (Kaj jen la 'g' sonas kiel [k] laŭ la fontetika regulo, ĉar ĝi uziĝas ĉe la silabo-fino.)

부엌→부억   (bueok → bueog) (→ bueok)
밖→박   (bakk → bag) (→ bak)

② ㅅㅆㅈㅊㅌㅎ → ㄷ **(s ss j ch t h → d)** (Kaj jen la 'd' sonas [t] laŭ la fonetika regulo, ĉar ĝi uziĝas ĉe la silabo-fino.)

갓→갇   (gas → gad) (→ gat)
있다→읻다   (issda → idda) (→ it'tta)
낮→낟   (naj → nad) (→ nat)
낯→낟   (nach → nad) (→ nat)
같다→갇다   (gatda → gadda) (→ gat'tta)
히읗→히읃   (hieuh → hieud) (→ hieut)

(Noto) Ĉe la transskribo "it'tta, gat'tta" la apostrofo(') signifas, ke tiuj 3 't'-oj ne estas sinsekvaj.

③ ㅍ→ㅂ **(p → b)** (Kaj jen la 'b' sonas [p] laŭ la fonetika regulo, ĉar ĝi uziĝas ĉe la silabo-fino.)

숲→숩   (sup → sub) (→ sup)
싶다→십다   (sipda → sibda) (→ sip'tta)

Sed se post ili venas vokalo, ili senŝanĝe prononciĝas kune kun la sekva vokalo.

부엌이   (bueo-ki)
밖이   (ba-kki)
갓이   (ga-si)
있어   (i-sseo)
낮에   (n-aje)
낯이   (na-chi)
같은   (ga-teun)
히읗이   (hieu-si) (Ĝi estas escepta okazo.)
숲에   (su-pe)

싶어   (si-peo)

(3) Se la 3-a segmento de la silabo (la silabo-fino) havas 2 konsonantojn, ĝenerale la 2-a konsonanto fariĝas sensona.

밖→박	bakk → bak
꺾다→꺽다 (→꺽따)	kkeokk-da → kkeok-da (→ kkeok-tta)
넋→넉	neoks → neok
앉다→안다 (→안따)	anj-da → an-da (→ an-tta)
많소→만소 (→만쏘)	manh-so → man-so (→ man-sso)
값→갑	gaps → gap
없다→업다 (→업따)	eops-da → eop-da (→ eop-tta)
있다→잇다 (→읻다→읻따)	iss-da → is-da (→ it-da → it-tta)

(Noto) '꺽다, 안다, 만소, 업다, 읻다'(kkeok-da, an-da, man-so, eop-da, it-da) ŝanĝiĝas al '꺽**따**, 안**따**, 만**쏘**, 업**따**, 읻**따**'(kkeok-tta, an-tta, man-sso, eop-tta, it-tta) pro la fonologia regulo (7) (Vidu sube).

Sed se venas vokalo post la silabo, la 2-a konsonanto sonas kunligite kun la sekva vokalo.

넋이→넉시	neogs-i → neok-si
앉아→안자	anj-a → an-ja
값이→갑시	gabs-i → gap-si

(4) Jenaj sinsekvaj du vokaloj povas prononciĝi kiel duoblaj vokaloj, sed ne devige.

① /ㅣ+ㅓ/→/ㅕ/ (i + eo → yeo)

피어서→펴서   pi-eoseo → pyeoseo

그리어→그려	geuri-eo → geuryeo
꾸미어→꾸며	kkumi-eo → kkumyeo
살리어→살려	salli-eo → sallyeo

② /ㅗ+ㅏ/→/ㅘ/ (o + a → **wa**)

보았다→봤다	bo-at'tta → bwat'tta
오아서→와서	o-aseo → waseo
쏘아라→쏴라	sso-ara → sswara
꼬아서→꽈서	kko-aseo → kkwaseo

③ /ㅜ+ㅓ/→/ㅝ/ (u + eo → **wo**)

두어라→둬라	du-eora → dwora
누어라→눠라	nu-eora → nwora
주어라→줘라	ju-eora → jwora
꾸었다→꿨다	kku-eot'tta → kkwot'tta

④ /ㅡ+ㅣ/→/ㅢ/ (eu + i → **ui**)

| 뜨이다→띄다 | tteu-ida → ttuida |
| 쓰이다→씌다 | sseu-ida → ssuida |

(5) Plozivoj 'ㄱㄷㅂ' kaj afrikato 'ㅈ' sonas voĉe inter voĉaj sonoj (vokaloj, nazaloj kaj likvidoj). Tial la konsonantoj 'ㄱㄷㅂㅈ' sonas kiel [g d b ʤ] inter voĉaj sonoj. Kaj ili sonas kiel [k t p ʧ] en aliaj okazoj, t.e. ĉe la vorto-finoj aŭ antaŭ aliaj konsonantoj.

국이	gugi	[kugi]
닫아라	dadara	[tadara]
밥에	babe	[pabe]
잦아	jaja	[ʧadʒa]
각	gak	[kak]
맏	mat	[mat]
삽	sap	[sap]

자	cha	[ʧa]
낯	nat	[nat] ('ㅈ' ĉe la lasta segmento ŝanĝiĝas al 'ㄷ')
각자	gagja	[kakʧa]
받고	badgo	[patko]
잡다	jabda	[ʧapta]
젖다	jeojda	[ʧətta] ('ㅈ' ĉe la lasta segmento ŝanĝiĝas al 'ㄷ')

(6) Se 'ㄱㄷㅂㅈ'(g d b j) renkontas 'ㅎ'(h) antaŭ aŭ post si, ili ŝanĝiĝas al 'ㅋㅌㅍㅊ'(k t p ch) (prononce [kʰ tʰ pʰ ʧʰ]).

ㄱ-ㅎ → ㅋ	국화 → 구콰	gug-hwa → gu-kwa
ㅎ-ㄱ → ㅋ	좋고 → 조코	joh-go → jo-ko
ㄷ-ㅎ → ㅌ	맏형 → 마텽	mad-hyeong → ma-tyeong
ㅎ-ㄷ → ㅌ	좋다 → 조타	joh-da → jo-ta
ㅂ-ㅎ → ㅍ	입학 → 이팍	ib-hag → i-pag
ㅈ-ㅎ → ㅊ	앉히다 → 안치다	anj-hida → an-chida
ㅎ-ㅈ → ㅊ	좋지만 → 조치만	joh-jiman → jo-chiman

(7) 'ㄱㄷㅂㅅㅈ'(g d b s j) ĝenerale ŝanĝiĝas al 'ㄲㄸㅃㅆㅉ'(kk tt pp ss jj) post 'ㄱㄴㄷㄹㅁㅂㅇ'(g n d l m b ng) (t.e. post ĉiuj konsonantaj silabo-finoj, ĉar en la korea nur tiuj 7 konsonantoj povas uziĝi ĉe la silabo-fino) ĉefe en kunmetitaj vortoj. Sed tio ne estas deviga ŝanĝiĝo.

① ㄱ – ㄱㄷㅂㅅㅈ (g – g d b s j) → ㄱ – ㄲㄸㅃㅆㅉ (g - kk tt pp ss jj)

국가→국까	gug-ga → gug-kka	(→ guk-kka)
식도→식또	sig-do → sig-tto	(→ sik-tto)
국밥→국빱	gug-bab → gug-ppab	(→ guk-ppap)
국산→국싼	gug-san → gug-ssan	(→ guk-ssan)
축제→축쩨	chug-je → chug-jje	(→ chuk-jje)

(Noto) La ŝanĝitaj formoj 'gug-kka, sig-tto, gug-ppab, gug-ssan, chug-jje' jen estas latinigitaj al 'guk-kka, sik-tto, guk-ppab, guk-ssan, chuk-jje' laŭ la regulo de latinigo. Vidu ĉapitron 2.

② ㄴ ㅡ ㄱㄷㅂㅅㅈ (n – g d b s j) → ㄴ ㅡ ㄲㄸㅃㅆㅉ (n - kk tt pp ss jj)

인기→인끼	in-gi → in-**kk**i
산달→산딸	san-dal → san-**tt**al
산보→산뽀	san-bo → san-**pp**o
인원수→인원쑤	inwon-su → inwon-**ss**u
손장난→손짱난	son-jangnan → son-**jj**angnan

③ ㄷ ㅡ ㄱㄷㅂㅅㅈ (d – g d b s j) → ㄷ ㅡ ㄲㄸㅃㅆㅉ (d - kk tt pp ss jj)

싣고→싣꼬	sid-go → sit-**kk**o
몇 달(→멷 달)→멷 딸	myeoch-dal(→ myeod-dal) → myeot-**tt**al
섣불리→섣뿔리	seod-bulli → seot-**pp**ulli
첫사랑(→첟사랑)→첟싸랑	cheos-sarang(→ cheod-sarang) → cheot-**ss**arang
섰지만(→섣지만)→섣찌만	seoss-jiman(→ seod-jiman) → seot-**jj**iman

(Noto) 'ㅅㅆㅈㅊㅌㅎ' ŝanĝiĝas al 'ㄷ' ĉe la fina segmento de la silabo. Vidu fonologian regulon (2).

④ ㄹ ㅡ ㄱㄷㅂㅅㅈ (l – g d b s j) → ㄹ ㅡ ㄲㄸㅃㅆㅉ (l - kk tt pp ss jj)

철길→철낄	cheol-gil → cheol-**kk**il
갈대→갈때	gal-dae → gal-**tt**ae
갈바람→갈빠람	gal-baram → gal-**pp**aram
철새→철쌔	cheol-sae → cheol-**ss**ae

술집→술찝   sul-jib → sul-**jj**ib

⑤ ㅁ – ㄱㄷㅂㅅㅈ (m – g d b s j) → ㅁ – ㄲㄸㅃㅆㅉ
   (m - kk tt pp ss jj)

감고→감꼬   gam-go → gam-**kk**o
밤달→밤딸   bam-dal → bam-**tt**al
밤바람→밤빠람   bam-baram → bam-**pp**aram
밤새→밤쌔   bam-sae → bam-**ss**ae
몸짓→몸찟   mom-jis → mom-**jj**it

⑥ ㅂ – ㄱㄷㅂㅅㅈ (b – g d b s j) → ㅂ – ㄲㄸㅃㅆㅉ **(b
   - kk tt pp ss jj)**

밥그릇→밥끄릇   bab-geureus → bap-**kk**eureus
깁다→깁따   gib-da → gip-**tt**a
잡비→잡삐   jab-bi → jap-**pp**i
잡상인→잡쌍인   jab-sang'in → jap-**ss**ang'in
갑자기→갑짜기   gab-jagi → gap-**jj**agi

(Noto) La 'b'(ㅂ) en la silabo-finoj 'bab, gib, jab, gab' estas
latinigita per '**p**' laŭ la regulo de latinigo. Vidu ĉapitron 2.

⑦ ㅇ – ㄱㄷㅂㅅㅈ (ng – g d b s j) → ㅇ – ㄲㄸㅃㅆㅉ
   (ng - kk tt pp ss jj)

강가→강까   gang-ga → gang-**kk**a
상다리→상따리   sang-dari → sang-**tt**ari
등불→등뿔   deung-bul → deung-**pp**ul
등수→등쑤   deung-su → deung-**ss**u
상장→상짱   sang-jang → sang-**jj**ang

(8) 'ㄷㅌ'(d t) ŝanĝiĝas al 'ㅈㅊ'(j ch) antaŭ la vokalo 'ㅣ'(i).

굳이 → 구지   gud-i → gu**j**i
같이 → 가치   gat-i → ga**ch**i

(9) 'ㄴ'(n) ŝanĝiĝas al 'ㄹ'(l) antaŭ 'ㄹ'(l).

논리 → 놀리　　　non-li → nol-li

난로 → 날로　　　nan-lo → nal-lo

(10) 'ㄹ'(l) ŝanĝiĝas al 'ㄴ'(n) post ĉiuj konsonantoj krom 'ㄹ'(l).

심리 → 심니　　　sim-li → sim-**ni**

공룡 → 공뇽　　　gong-lyong → gong-**ny**ong

(Noto) Ĉe la vorto '빨리'(ppal-li) la malantaŭa 'ㄹ'(l) ne ŝanĝiĝas al 'ㄴ'(n), ĉar ĝi venas post 'ㄹ'(l).

(11) 'ㄱㄷㅂ'(g d b) ŝanĝiĝas al 'ㅇㄴㅁ'(ng n m) antaŭ nazaloj (ㄴㅁ).

국물 → 궁물　　　gug-mul → gu**ng**-mul

국논 → 궁논　　　gug-non → gu**ng**-non

맛난 → 만난　　　mad-nan → ma**n**-nan

밥만 → 밤만　　　bab-man → ba**m**-man

7. Parolelementoj

Troviĝas 9 parolelementoj en la korea.
(1) substantivo (명사, **myeongsa**)
(2) pronomo (대명사, **daemyeongsa**)
(3) numeralo (수사, **susa**)
(4) verbo (동사, **dongsa**)
(5) adjektivo (형용사, **hyeong-yongsa**)
(6) adverbo (부사, **busa**)
(7) antaŭ-substantivo (관형사, **gwanhyeongsa**)
(8) postpozicio (조사, **josa**)
(9) interjekcio (감탄사, **gamtansa**)

Substantivo, pronomo kaj numeralo, tiuj 3 parolelementoj grupe nomiĝas 'korpo-vorto' (ne-deklinaciebla vorto), kaj ili povas uziĝi kiel subjekto, objekto aŭ predikativo en la frazo. Kaj verboj, adjektivoj, tiuj 2 parolelementoj grupe nomiĝas 'klarigo-vorto', kaj ili povas uziĝi kiel predikato.

Kaj ankaŭ la sintagmo 'korpo-vorto + kopulo('**ida**')' povas uziĝi kiel predikato. La kopulo '**ida**'(이다) estas unu el la postpozicioj, sed ĝi konjugaciiĝas same kiel verboj kaj adjektivoj.

Postpozicioj uziĝas aldonite al la fino de korpo-vortoj, kaj ili estas rigardataj ne kiel memstaraj vortoj, sed kiel partikuloj. Ili montras ĉefe la kazojn (t.e. subjektan, objektan kaj adjektan) de la frazelementoj en la frazo. Ili estas similaj al deklinaciaj finaĵoj en fleksiaj lingvoj.

Koreaj antaŭ-substantivoj estas similaj al la adjektivoj (kaj ankaŭ al la adjektivaj participoj) de Esperanto en tiu senco, ke ili determinas substantivojn. Sed ilia nombro ne estas tiel granda kompare kun la epitetaj formoj de 'verboj, adjektivoj kaj kopulo'. Ĉiuj verboj, adjektivoj kaj kopulo havas diversajn epitetajn formojn laŭ tensoj. Ilia nombro do estas tre granda. Kaj la epitetaj formoj estas similaj al la adjektivaj participoj de Esperanto. Kaj ili ĉiuj uziĝas kiel epiteto en la frazo, ĉiam venante antaŭ la korpo-vortoj, nome substantivoj, pronomoj kaj numeraloj. (Vidu la ĉapitron 11. Konjugacio.)

8. Frazelementoj

Troviĝas 7 frazelementoj en la korea.

(1) subjekto (주어, **ju-eo**)
(2) predikativo (보어, **bo-eo**)
(3) objekto (목적어, **mokjjeog-eo**)
(4) predikato (서술어, **seosur-eo**)
(5) epiteto (관형어, **gwanhyeong-eo**)
(6) adjekto (부사어, **busa-eo**)
(7) solstarivo (memstaranto) (독립어, **dongnib-eo**)

En la korea, precipe en konversacio, subjektoj estas tre ofte subkomprenataj. Tio estas pro tio, ke la korea estas principe konversacia lingvo, kaj la subjekto estas ordinare tre bone sciata en la kunteksto.

Por la predikato uziĝas ne nur verboj, sed ankaŭ adjektivoj. En la korea konjugaciiĝas ne nur la verbo, sed ankaŭ la adjektivo. Ni do povas pensi, ke la korea adjektivo funkcias same kiel 'esti + adjektivo' de Esperanto. Sed la konjugacia maniero de la adjektivo estas iom malsama ol tiu de la verbo.

Epitetoj kaj epitetaj formoj de 'verboj, adjektivoj kaj kopulo' ĉiam venas antaŭ siaj determinataj korpo-vortoj, nome substantivoj, pronomoj kaj numeraloj. Per tio ni povas diri, ke la korea estas maldekstrobranĉa (=livobranĉa) lingvo.

Numeraloj kaj numeraj esprimoj (='numeralo+kvantosubstantivo') venas post la koncernaj kalkulataj substantivoj, ekzemple 'libro 3 kvantosubstantivo', 'pomo 5 kvantosubstantivo' ktp. En la korea oni uzas specialan vorton, 'kvantosubstantivo', post numeraloj, kaj ĝi estas tre varia laŭ la speco de la kalkulata objekto. Inter ili la plej ofte uzata, ĝenerale por ne-homaj objektoj, estas 'gae'(개). La plej okulfrapa trajto de korea propozicio estas, ke predikato venas ĉe la fino de la propozicio, kaj antaŭ ĝi venas objekto. Diversaj adjektoj ordinare venas inter subjekto kaj objekto, sed ankaŭ ekzistas iaj adjektoj venantaj inter objekto kaj predikato. Solstarivoj ĝenerale venas ĉe la komenco de la propozicio, antaŭ la subjekto.

Kaj la frazelementoj nome, subjekto, predikativo, objekto kaj plejparto da adjektoj havas kaz-montrilojn (=postpoziciojn) en la frazo, kaj tial ni povas tuj vidi iliajn funkciojn en la frazo, eĉ se ilia pozicio estas ŝanĝita. En la korea, ĝenerale dirite, la vortordo de la frazo ne estas tiel grava.

9. Pronomoj

En la korea oni ne ofte uzas pronomojn ĉe interparolado. Koreoj tute bone komprenas la situacion eĉ sen la uzo de la pronomoj de la 1-a persono kaj de la 2-a persono, ĉar korea lingvo estas fundamente konversacia lingvo. Kaj por la 3-a persono koreoj ŝatas uzi ties titolojn aŭ ordinarajn vortojn taŭgajn por la interrilato de la interparolantoj anstataŭ uzi la pronomojn.

mi (humile)	**jeo (저)**
	je (제) (antaŭ la nominativa postpozicio '**-ga**'(가))
mi (malhumile)	**na (나)**
	nae (내) (antaŭ la nominativa postpozicio '**-ga**'(가))
ni (humile)	**jeohi(-deul) (저희(-들))** ('들' estas plurala sufikso)
ni (malhumile)	**uri(-deul) (우리(-들))** ('들' estas plurala sufikso)
vi (ununombro; honore)	**seonsaengnim (선생님)** (signifo: instruisto, sinjoro)
	dangsin (당신) (intime inter geedzoj; malintime inter batalantoj)
vi (ununombro; ne honore)	**neo (너)**
	ne (네) (antaŭ la nominativa postpozicio '**-ga**'(가))
vi (multenombro; honore)	**yeoreobun(-deul) (여러분(-들))**
vi (multenombro; ne honore)	**neohi(-deul) (너희(-들))**
li	**geu-bun (그분)** (honore)
	geu-i (그이) (ne honore)
	geu-saram (그 사람) (ne honore)
	geu-namja (그 남자) (iom malhonore)

ŝi	geu-bun (그분) (honore)
	geu-nyeo (그녀) (ne honore)
	geu-saram (그 사람) (ne honore)
	geu-yeoja (그 여자) (iom malhonore)
ĝi	i-geot (이것) (proksima al mi)
	geu-geot (그것) (proksima al vi)
	jeo-geot (저것) (malproksima de ambaŭ)
ili (homoj)	geu-bun-deul (그분들) (honore)
	geu-i-deul (그이들) (ne honore)
	geu-saram-deul (그 사람들) (ne honore)
ili (ne-homoj)	i-geot'tteul (이것들) (proksima al mi)
	geu-geot'tteul (그것들) (proksima al vi)
	jeo-geot'tteul (저것들) (malproksima de ambaŭ)

(Noto) 'keu-i'(그이) povas mallongiĝi al 'keu'(그). Kaj 'keu-i'(그이) povas uziĝi ankaŭ por 'ŝi'.

Jen estas kelkaj "pronomo+postpozicio", ofte uzataj en korea lingvo.

Mi	je-ga (제가)	humile, uzata kun pliaĝuloj
	nae-ga (내가)	ne humile, uzata kun amikoj
mia	jeo-ui / je (저의 / 제)	humile, uzata kunpliaĝuloj
	na-ui / nae (나의 / 내)	ne humile, uzata kun amikoj
min	jeo-reul (저를)	humile, uzata kun pliaĝuloj
	na-reul (나를)	ne humile, uzata kun amikoj
Vi	seonsaengnim-kkeseo (선생님께서)	honore
	ne-ga (네가)	ne honore
via	seonsaengnim-ui (선생님의)	honore
	neo-ui (너의)	ne honore
vin	seonsaengnim-eul (선생님을)	honore
	neo-reul (너를)	ne honore
Li/Ŝi	geubun-kkeseo (그분께서)	honore

	geu-ga (그가)	ne honore
	geunyeo-ga (그녀가)	ne honore,
		nur por 'ŝi'
	geusaram-i (그 사람이)	ne honore
lia/ŝia	**geubun-ui** (그분의)	honore
	geu-ui (그의)	ne honore
	geunyeo-ui (그녀의)	ne honore,
		nur por 'ŝia'
	geusaram-ui (그 사람의)	ne honore
lin/ŝin	**geubun-eul** (그분을)	honore
	geu-reul (그를)	ne honore
	geunyeo-reul (그녀를)	ne honore,
		nur por 'ŝin'
	geusaram-eul (그 사람을)	ne honore
Ĝi	**geugeos-i / geuge** (그것이 / 그게)	
ĝia	**geugeos-ui** (그것의)	
ĝin	**geugeos-eul / geugeol** (그것을 / 그걸)	

10. Postpozicioj

En korea lingvo la plej gravaj 2 gramatikaĵoj estas la postpozicioj (uzataj post substantivoj, pronomoj kaj numeraloj) kaj la konjugaciaj formoj (uzataj post la radikoj de verboj, adjektivoj kaj kopulo). Kaj ĝuste pro tio oni diras, ke korea lingvo estas tre malfacila. Jen mi donas kelkajn tre ofte uzatajn postpoziciojn.

(1) Kazaj postpozicioj

① Nominativaj postpozicioj

-i (이)	uzata post la silabo VK aŭ KVK (geu-bun-i, geu-saram-i, geu-bun-deul-i, seonsaengnim-i)
-ga (가)	uzata post la silabo V aŭ KV (nae-ga, ne-ga, uri-ga, geu-ga, geu-yeoja-ga)
-kkeseo (께서)	uzata por esprimi honoron (sed ne devige) (geu-bun-kkeseo, seonsaengnim-kkeseo)

② Akuzativaj postpozicioj

-eul (을)	uzata post la silabo VK aŭ KVK (geu-bun-eul, geu-saram-eul, seonsaengnim-eul)
-reul (를)	uzata post la silabo V aŭ KV (na-reul, neo-reul, uri-reul, geu-reul, geu-namja-reul)

③ Lokativaj postpozicioj

-e (에)	signifanta 'ĉe'(loko, tempo), 'al'(loko, ne-homo)
-ege (에게)	signifanta 'al'(homo)
-euro (으로)	signifanta 'al'; post la silabo VK aŭ KVK
-ro (로)	signifanta 'al'; post la silabo V aŭ KV
-hante (한테)	signifanta 'ĉe'(homo), 'al'(homo)

-eseo (에서)   signifanta 'de'(loko, tempo)
-buteo (부터)   signifanta 'de'(loko, tempo)

(2) Helpaj postpozicioj

-eun (은)	montranta la temon de la parolo; post la silabo VK aŭ KVK (geu-bun-eun, geu-saram-eun, seonsaengnim-eun)
-neun (는)	montranta la temon de la parolo; post la silabo V aŭ KV (na-neun, neo-neun, uri-neun, geu-neun, geu-namja-neun)
-man (만)	signifanta 'nur'
-do (도)	signifanta 'ankaŭ'
-kkaji (까지)	signifanta 'ĝis' kaj 'cis' (loko, tempo, grado)
-cheoreom (처럼)	signifanta 'same kiel'

(3) Konjunkciaj postpozicioj

-kwa (과)	signifanta 'kaj'; post la silabo VK aŭ KVK
-wa (와)	signifanta 'kaj'; post la silabo V aŭ KV

11. Konjugacio

La baza formo de koreaj klarigo-vortoj(verboj, adjektivoj) kaj kopulo estas "radiko-**da**"(-다). Ili estas tre diverse konjugaciataj laŭ tensoj, modoj, honorecoj, ktp. Ĝuste pro tio oni diras, ke korea lingvo estas tre malfacila.

La baza strukturo de koreaj konjugaciataj predikatoj estas jena:

"**prefikso-radiko-sufikso-antaŭlasta finaĵo**(0~2,3)-**lasta finaĵo**(1)"
(Noto) Antaŭlastaj finaĵoj uziĝas de 0 ĝis 2 aŭ 3, kaj la lasta finaĵo devas esti nur 1.

La antaŭlasta finaĵo kaj la lasta finaĵo estas tre gravaj gramatikaj kategorioj en korea lingvo. Ili uziĝas ĉe verboj, adjektivoj kaj kopulo, nome ĉe predikatoj. Koncize dirite antaŭlastaj finaĵoj portas la informojn pri tensoj kaj honorecoj (por honori subjekton), dum la lastaj finaĵoj portas la informojn pri modoj, honorecoj (por honori alparolaton), frazo-fino aŭ frazo-ligo, funkcio-ŝanĝoj de vortoj.

Kaj en korea lingvo la gramatika kategorio 'voĉo', t.e. aktivo, pasivo kaj faktitivo, esprimiĝas per sufiksoj ĉe predikatoj. La ĉefaj pasivaj kaj faktitivaj sufiksoj estas '-i-'(이), '-hi-'(히), '-gi-' (기) kaj '-li-'(리). (Vidu la ĉapitron 12.)

Jen estas kelkaj ekzemploj de tensoj en mez-honora formo, en prezenco kaj en priskriba (kaj samtempe demanda) modo:

(baza formo)   (-**da**) (-다)

verboj:	**bo-da**(보다, vidi), **meok-da**(먹다, manĝi)
adjektivoj:	**jak-tta**(작다, malgrandi), **yeppeu-da**(예쁘다, beli)
kopulo:	**i-da**(이다, esti)

(prezenca formo) **(-ayo, -eoyo)** (-아요 / -어요)

verboj:	**bo-ayo**(보아요), **meog-eoyo**(먹어요)
adjektivoj:	**jag-ayo**(작아요), **yepp-eoyo**(예뻐요)
kopulo:	**i-eoyo**(이어요) (ofte uzata kiel '이에요'(ieyo))

(preterita formo) **(-asseoyo / -eosseoyo)** (-았어요 / -었어요)

verboj:	**bo-asseoyo**(보았어요), **meog-eosseoyo**(먹었어요)
adjektivoj:	**jag-asseoyo**(작았어요), **yepp-eosseoyo**(예뻤어요)
kopulo:	**i-eosseoyo**(이었어요)

(futura formo) **(-gesseoyo)** (-겠어요)

verboj:	**bo-gesseoyo**(보겠어요), **meok-gesseoyo**(먹겠어요)
adjektivoj:	**jak-kkesseoyo**(작겠어요), **yeppeu-gesseoyo**(예쁘겠어요)
kopulo:	**i-gesseoyo**(이겠어요)

(Notoj)

(1) La formoj '**-ayo, -asseoyo**' estas uzataj post la vokaloj '**a, o**' (ㅏ, ㅗ), kaj la formoj '**-eoyo, -eosseoyo**' estas uzataj post aliaj vokaloj krom 'a, o'(ㅏ, ㅗ).

(2) La finaj konsonantoj de radikoj kaj ankaŭ la komencaj konsonantoj de konjugaciaj finaĵoj ofte ŝanĝiĝas en specifaj kondiĉoj. La plej gravaj sonŝanĝo-reguloj estas jenaj. Kaj en tiu ĉi libro mi latinigas koreajn vortojn en la ŝanĝitaj formoj.

① La 5 konsonantaj literoj 'ㄷㅌㅅㅈㅊ'(**d t s j ch**), ŝanĝiĝas al 'ㄷ' (**d**) (fonetike [t]) ĉe la silabo-fino.

② La 3 konsonantaj literoj 'ㄱㄷㅂ' sonas fonetike [g d

b] (litere **g d b**; ㄱㄷㅂ) antaŭ vokaloj, kaj [k' t' p']
(litere **kk tt pp**; ㄲㄸㅃ) antaŭ konsonantoj.

③ La silabo-fina konsonanto 'ㄱ'(**k**) sonas [ŋ] (litere **ng**;
ㅇ) antaŭ la silabo-komencaj konsonantoj 'ㅁ'(**m**) kaj
'ㄴ'(**n**).

④ La 5 silabo-komencaj konsonantoj 'ㄱㄷㅂㅅㅈ'(**k t p s
j**) sonas [k' t' p' s' ʧ'] (litere **kk tt pp ss jj**; ㄲㄸㅃㅆ
ㅉ) post ĉiuj senvoĉaj silabo-finaj konsonantoj, nome 'ㄱ
ㄷㅂ'(**k t p**).

Kaj la 'epitetaj formoj' de 'verboj, adjektivoj kaj kopulo' estas
jena:

parolelemento aspekto (tenso)	verbo	adjektivo	kopulo
reala (prezenco)	-neun (는)	-(eu)n ((으)ㄴ)	-n (ㄴ)
fini(n)ta (preterito)	-(eu)n ((으)ㄴ)		
faro(n)ta (futuro)	-(eu)l ((으)ㄹ)	-(eu)l ((으)ㄹ)	-l (ㄹ)

(Ekzemploj)

parolelemento aspekto (tenso)	verbo	adjektivo	kopulo
baza	bo-da (보다) meok-tta (먹다)	yeppeu-da (예쁘다) jak-tta (작다)	i-da (이다)
reala (prezenco)	bo-neun (보는) meong-neun (먹는)	yepp-eun (예쁜) jag-eun (작은)	i-n (인)
fini(n)ta (preterito)	bo-n (본) meog-eun (먹은)		
faro(n)ta (futuro)	bo-l	yepp-eul	i-l

	(볼) meog-eul (먹을)	(예쁠) jag-eul (작을)	(일)

(Noto) La finaĵoj '**-n, -l**'(-ㄴ, -ㄹ) estas uzataj post vokalo (radiko finiĝanta per vokalo), dum la finaĵoj '**-eun, -eul**'(-은, -을) estas uzataj post konsonanto (radiko finiĝanta per konsonanto).

12. Voĉoj

En la korea troviĝas 3 voĉoj, t.e. aktivo, pasivo kaj faktitivo. La bazaj formoj de verboj kaj adjektivoj estas principe aktivaj formoj, kaj por la aktivo oni uzas nenian rimedon. Sed por pasivo kaj faktitivo oni uzas kelkajn sufiksojn tuj post la radiko, do inter radiko kaj antaŭlasta finaĵo.

Kaj ne troviĝas iu regulo, ĉe kiu vorto uziĝas kiu el tiuj sufiksoj. La lernantoj devas lerni ĉiujn pasivajn kaj faktitivajn vortojn kiel memstaraj bazaj vortoj. Kaj ankaŭ en la vortaro de korea lingvo ĉiuj pasivaj kaj faktitivaj formoj estas vicigitaj kiel kapvortoj, do kiel bazaj formoj. Sed vi ne bezonas tro malesperiĝi, ĉar en la korea ili ne ofte uziĝas. Koreoj emas uzi aktivajn formojn en sia lingvo-vivo.

(1) Pasivo
La ĉefaj pasivaj sufiksoj estas '-i-'(이), '-hi-'(히), '-gi-'(기) kaj '-li-'(리).

    (Ekzemploj)

      (bazaj formoj)

\<aktivo\>	\<pasivo\>	\<signifo\>
bo-da (보다)	**bo-i-da** (보이다)	esti vidita
meok-tta (먹다)	**meok-hi-da** (먹히다)	esti manĝita
jap-tta (잡다)	**jap-hi-da** (잡히다)	esti prenita

      (prezencaj formoj)

\<aktivo\>	\<pasivo\>
bo-ayo (보아요)	**bo-i-eoyo→boyeoyo** (보이어요→보여요)

meog-eoyo (먹어요)　　　meok-hi-eoyo→meokyeoyo
　　　　　　　　　　　(먹히어요→먹혀요)

jab-ayo (잡아요)　　　　jap-hi-eoyo→japyeoyo
　　　　　　　　　　　(잡히어요→잡혀요)

(2) Faktitivo

La ĉefaj faktitivaj sufiksoj estas '-i-'(이), '-hi-'(히), '-gi-'(기) kaj '-li-'(리). Do samaj kiel tiuj de la pasivo. Oni devas distingi pasivon kaj faktitivon laŭ la kunteksto. Tio estas unu el la embarasaj aspektoj de la korea.

(Ekzemploj)

(bazaj formoj)

\<aktivo\>	\<faktitivo\>	\<signifo\>
bo-da (보다)	bo-i-da (보이다)	vidigi
meok-tta (먹다)	meog-i-da (먹이다)	manĝigi
jap-tta (잡다)	jap-hi-da (잡히다)	prenigi

(prezencaj formoj)

\<aktivo\>　　　　　　　\<faktitivo\>

bo-ayo (보아요)　　　　bo-i-eoyo →boyeoyo
　　　　　　　　　　　(보이어요→보여요)

meog-eoyo (먹어요)　　　meog-i-eoyo→meogyeoyo
　　　　　　　　　　　(먹이어요→먹여요)

jab-ayo (잡아요)　　　　jap-hi-eoyo→japyeoyo
　　　　　　　　　　　(잡히어요→잡혀요)

13. Tensoj

En korea lingvo por predikatoj uziĝas verboj, adjektivoj kaj kopulo (t.e. 'ida'(이다)), kaj ili havas tre diversajn kaj multajn gramatikajn informojn (tensoj, voĉoj, modoj, honorecoj, ktp), konjugaciiĝante tre varie. Jen mi donas kelkajn ĉefajn konjugaciajn formojn de tensoj en priskriba (kaj samtempe demanda) modo kaj en meza honoreco. Ili enhavas en si mem la sencon de 'aspekto' ankaŭ. Kaj tial korealingvaj gramatikistoj ofte uzas la terminon 'tenso-aspekto' anstataŭ 'tenso'.

(1) Prezenco

-ayo (아요)	post la vokaloj 'a, o'(ㅏ, ㅗ)
-eoyo (어요)	post aliaj vokaloj (**eo, u, eu, i, ae, e, oe**, ktp)

(Ekzemploj)

gayo(←ga-ayo) (가요)	(Mi) iras.
bwayo(←bo-ayo) (봐요)	(Mi) vidas.
seoyo(←seo-eoyo) (서요)	(Mi) ekstaras.
meogeoyo (먹어요)	(Mi) manĝas.
jwoyo(←ju-eoyo) (줘요)	(Mi) donas.
sseoyo(←sseu-eoyo) (써요)	(Mi) skribas. (aŭ uzas)
haeyo(←ha-yeoyo) (해요)	(Mi) faras.

(Notoj)

① La verbo 'sseoyo' (써요) havas du signifojn, 'skribas' kaj 'uzas'.

② '-a+ayo' ŝanĝiĝas al '-ayo'. '-o+ayo' ŝanĝiĝas al '-wayo'. '-eo+eoyo' ŝanĝiĝas al '-eoyo'. '-u+eoyo' ŝanĝiĝas al '-woyo'. '-eu+eoyo' ŝanĝiĝas al '-eoyo'. '-hayeoyo' ofte ŝanĝiĝas al '-haeyo'. Sed la okazoj de '-o+ayo', '-u+eoyo' kaj '-hayeoyo' ne estas devigaj.

-ㅏ+아요 → -ㅏ요	'-a+ayo' → '-ayo'
-ㅗ+아요 → -ㅘ요	'-o+ayo' → '-wayo'
-ㅓ+어요 → -ㅓ요	'-eo+eoyo' → '-eoyo'
-ㅜ+어요 → -ㅝ요	'-u+eoyo' → '-woyo'
-ㅡ+어요 → -ㅓ요	'-eu+eoyo' → '-eoyo'
-하여요 → -해요	'-hayeoyo' → '-haeyo'

(2) Preterito

-asseoyo (았어요)   post la vokaloj '**a, o**'(ㅏ, ㅗ)

-eosseoyo (었어요)   post aliaj vokaloj (**eo, u, eu, i, ae, e, oe**, ktp)

(Ekzemploj)

gasseoyo(←gaasseoyo) (갔어요)   (Mi) iris.

bwasseoyo(←boasseoyo) (봤어요)   (Mi) vidis.

seosseoyo(←seoeosseoyo) (섰어요)   (Mi) ekstaris.

meogeosseoyo (먹었어요)   (Mi) manĝis.

jwosseoyo(←ju-eosseoyo) (줬어요)   (Mi) donis.

sseosseoyo(←sseu-eosseoyo) (썼어요) (Mi) skribis. (aŭ uzis)

haesseoyo (hayeosseoyo) (했어요)   (Mi) faris.

(3) Futuro

-gesseoyo (겠어요)   post ĉiuj vokaloj

(Ekzemploj)

gagesseoyo (가겠어요)   (Mi) iros.

bogesseoyo (보겠어요)   (Mi) vidos.

seogesseoyo (서겠어요)   (Mi) ekstaros.

meokkesseoyo (먹겠어요)   (Mi) manĝos.

jugesseoyo (주겠어요)   (Mi) donos.

sseugesseoyo (쓰겠어요)   (Mi) skribos. (aŭ uzos)
hagesseoyo (하겠어요)   (Mi) faros.

Kaj la prezencaj formoj "**-ayo, -eoyo**" estas uzataj ankaŭ kiel volitivaj formoj de la 2-a persono kaj la plurala 1-a persono.

14. Negado

Ekzistas 4 manieroj de negado en la korea. Jen mi donas ekzemplojn nur en prezenca tenso, meza honoreco kaj en priskriba modo.

(1) Uzi negan adverbon 'an'(안) antaŭ negata vorto, ordinare antaŭ predikato.

an gayo (안 가요)	(Mi) ne iras.
an bwayo (안 봐요)	(Mi) ne vidas.
an meogeoyo (안 먹어요)	(Mi) ne manĝas.
an haeyo (안 해요)	(Mi) ne faras.
an yeppeoyo (안 예뻐요)	(Mi) ne belas.
an jagayo (안 작아요)	(Mi) ne malgrandas.

(2) Uzi **'-ji anayo'**(-지 않아요) post la radiko de verbo aŭ adjektivo.

ga-ji anayo (가지 않아요)	(Mi) ne iras.
bo-ji anayo (보지 않아요)	(Mi) ne vidas.
meog-ji anayo (먹지 않아요)	(Mi) ne manĝas.
ha-ji anayo (하지 않아요)	(Mi) ne faras.
yeppeu-ji anayo (예쁘지 않아요)	(Mi) ne belas.
jag-ji anayo (작지 않아요)	(Mi) ne malgrandas.

(3) Se oni volas esprimi la ne-kapablon de la subjekto pri la ago de la predikato (ĉi tie nur verboj), oni uzas negan adverbon **'mot'**(못) anstataŭ 'an'.

mot gayo (못 가요)	(Mi) ne povas iri.
mot bwayo (못 봐요)	(Mi) ne povas vidi.
mot meogeoyo (못 먹어요)	(Mi) ne povas manĝi.
mot haeyo (못 해요)	(Mi) ne povas fari.

(4) La formo **'-ji motaeyo'**(-지 못해요) post la radiko de verbo ankaŭ esprimas la ne-kapablon (ĉi tie nur verboj).

ga-ji motaeyo (가지 못해요)   (Mi) ne povas iri.
bo-ji motaeyo (보지 못해요)   (Mi) ne povas vidi.
meog-ji motaeyo (먹지 못해요) (Mi) ne povas manĝi.
ha-ji motaeyo (하지 못해요)   (Mi) ne povas fari.

Krom la 4 manieroj ankoraŭ ekzistas unu pli, tre ofte uzata nego-maniero.

(5) La sintagmo **'-(eu)l su eopseoyo'**(-(으)ㄹ 수 없어요) signifas "ne povas -i". Ĝi do estas sama kiel '-ji motaeyo'(-지 못해요).

ga-l su eopseoyo (갈 수 없어요)   (Mi) ne povas iri.
bo-l su eopseoyo (볼 수 없어요)   (Mi) ne povas vidi.
meog-eul su eopseoyo (먹을 수 없어요) (Mi) ne povas manĝi.
ha-l su eopseoyo (할 수 없어요)   (Mi) ne povas fari.

15. Honoraj esprimoj

Unu el la karakterizaĵoj de korea lingvo estas la 'honora esprimo'. Predikatoj (verboj, adjektivoj kaj kopulo) tre varie konjugaciiĝas laŭ la honorecoj de subjekto aŭ alparolato. Ĝuste pro tio oni diras, ke korea lingvo estas malfacila. Sed samtempe oni diras, ke ĝuste pro tio en korea socio alte evoluis la homa moraleco.

La honorecon de subjekto oni esprimas per antaŭlasta finaĵo '-(eu)si-'(-(으)시-), kaj tiun de alparolato per lasta finaĵo '-(seu)mnida'(-(스)ㅂ니다).

Kaj la honoreco troviĝas ne nur ĉe la konjugacio, sed ankaŭ ĉe vortoj mem. Inter koreaj substantivoj, postpozicioj, verboj kaj adjektivoj troviĝas specialaj honoraj vortoj. Ilin mi ne diros plu ĉi tie.

(1) Antaŭlastaj finaĵoj honore al subjekto. Ili estas uzataj, kiam vi honoras la subjekton de la frazo.

> **-si- (-시-)**
>> post radiko finiĝanta per vokalo
>
> **-eusi- (-으시-)**
>> post radiko finiĝanta per konsonanto

(Ekzemploj)

> **ga-si-eoyo (가시어요)**
>> (Vi, Iu honorata) iras. / Vi iru. / Ni iru.
>
> **bo-si-eoyo (보시어요)**
>> (Vi, Iu honorata) vidas. / Vi vidu. / Ni vidu.
>
> **jag-eusi-eoyo (작으시어요)**
>> (Vi, Iu honorata) malgrandas.

anj-eusi-eoyo (앉으시어요)
> (Vi, Iu honorata) sidiĝas. / Vi sidiĝu. / Ni sidiĝu.

(Notoj)
① 'si-eoyo' kaj 'eusi-eoyo' ofte ŝanĝiĝas al 'syeoyo'(셔요) kaj 'eusyeoyo'(으셔요) aŭ al 'seyo'(세요) kaj 'euseyo' (으세요), kiel ĉi sube:

ga-syeoyo (가셔요)   **ga-seyo (가세요)**
bo-syeoyo (보셔요)   **bo-seyo (보세요)**
jag-eusyeoyo (작으셔요) **jag-euseyo (작으세요)**
anj-eusyeoyo (앉으셔요) **anj-euseyo (앉으세요)**

② La formoj '**-ayo**' kaj '**-eoyo**' uziĝas ankaŭ por la volitiaj formoj de 2-a persono kaj de plurala 1-a persono. Vidu ĉapitron 17.

Kaj se vi ŝanĝas la frazmelodion al demando, ili fariĝas demanda modo.

ga-si-eoyo? (가시어요?)
> (Ĉu vi, Iu honorata) iras?

bo-si-eoyo? (보시어요?)
> (Ĉu vi, Iu honorata) vidas?

jag-eusi-eoyo? (작으시어요?)
> (Ĉu vi, Iu honorata) malgrandas?

anj-eusi-eoyo? (앉으시어요?)
> (Ĉu vi, Iu honorata) sidiĝas?

(2) Lastaj finaĵoj honore al alparolato. Ili do estas uzataj, kiam vi parolas al iu honorata. Kaj ili esprimas pli altgradan honoron ol la formoj '-ayo, -eoyo'.

-mnida (-ㅂ니다)	post radiko finiĝanta per vokalo priskriba modo
-seumnida (-습니다)	post radiko finiĝanta per konsonanto

	priskriba modo
-mnikka? (-ㅂ니까?)	post radiko finiĝanta per vokalo demanda modo
-seumnikka? (-습니까?)	post radiko finiĝanta per konsonanto demanda modo

(Ekzemploj)

ga-mnida (갑니다)	(Mi, Iu alia) iras.
bo-mnida (봅니다)	(Mi, Iu alia) vidas.
jag-seumnida (작습니다)	(Mi, Iu alia) malgrandas.
an-seumnida (앉습니다)	(Mi, Iu alia) sidiĝas.
ga-mnikka? (갑니까?)	(Ĉu vi, Iu alia) iras?
bo-mnkka? (봅니까?)	(Ĉu vi, Iu alia) vidas?
jag-seumnikka? (작습니까?)	(Ĉu vi, Iu alia) malgrandas?
an-seumnikka? (앉습니까?)	(Ĉu vi, Iu alia) sidiĝas?

(3) Tiuj antaŭlastaj kaj lastaj finaĵoj samtempe uziĝas, kiam la alparolato kaj la subjekto ambaŭ estas honorataj.

-simnida (-십니다)	post radiko finiĝanta per vokalo priskriba modo
-eusimnida (-으십니다)	post radiko finiĝanta per konsonanto priskriba modo
-simnikka? (-십니까?)	post radiko finiĝanta per vokalo demanda modo
-eusimnikka (-으십니까?)	post radiko finiĝanta per konsonanto demanda modo

(Ekzemploj)

ga-si-mnida (가십니다)	(Iu honorata) iras.
bo-si-mnida (보십니다)	(Iu honorata) vidas.
jag-eusi-mnida (작으십니다)	(Iu honorata) malgrandas.
anj-eusi-mnida (앉으십니다)	(Iu honorata) sidiĝas.
ga-si-mnikka? (가십니까?)	(Ĉu vi, Iu honorata) iras?

bo-si-mnikka? (보십니까?)   (Ĉu vi, Iu honorata) vidas?

jag-eusi-mnikka? (작으십니까?)   (Ĉu vi, Iu honorata) malgrandas?

anj-eusi-mnikka? (앉으십니까?)   (Ĉu vi, Iu honorata) sidiĝas?

16. Bazaj tipoj de propozicio kaj la ordo de frazelementoj

Jen estas kelkaj bazaj tipoj de koreaj propozicioj. Ili ne estas oficialaj, sed de mi faritaj nur por la facila kompreno de fremdaj lernantoj.

(1) Subjekto + Predikato (verbo / adjektivo / korpo-vorto+kopulo)

해-가	뜬다.
hae-ga	**tteunda.**
Suno-nom.	leviĝas.

꽃-이	예쁘다.
kkoch-i	**yeppeuda.**
Floro-nom.	belas.

나-는	학생이다.
na-neun	**haksaeng-ida.**
Mi-nom.	studento estas.

(Noto) Kopulo estas 'ida'(이다) en la korea, kaj ĝi estas unu el la postpozicioj, nome 'predikata postpozicio'. Kaj ĝi estas uzata aldone al la korpo-vortoj, nome substantivoj, pronomoj kaj numeraloj.

(2) Subjekto + Objekto + Predikato (transitiva verbo)

동생이	책-을	읽는다.
dongsaeng-i	**chaeg-eul**	**ing-neunda.**
Frato-nom.	libro-aku.	legas.

언니-가	나-를	사랑한다.
eonni-ga	**na-reul**	**sarang-handa.**
Fratino-nom.	mi-aku.	amas.

(3) Subjekto + Malrekta Objekto (dativo) + Rekta Objekto (akuzativo) + Predikato (transitiva verbo)

내-가	너-에게	책을	준다.
nae-ga	**neo-ege**	**chaeg-eul**	**junda.**
Mi-nom.	vi-dat.	libro-aku.	donas.

*nom. = nominativa postpozicio
*aku. = akuzativa postpozicio
*dat. = dativa postpozicio

Kaj la ĝenerala ordo de la frazelementoj en koreaj propozicioj estas kiel ĉi sube. Sed en korea lingvo ĉiuj frazelementoj povas libere lokiĝi ie ajn en la propozicio, ĉar ili havas siajn proprajn postpoziciojn laŭ la funkcio. Per la postpozicio oni povas ekscii, kiu vorto apartenas al kiu frazelemento. Kaj predikato ĉiam venas ĉe la fino.

[subjekto − adjektoj (tempo, loko, ktp) − objekto − adjektoj (maniero, kvanto, ktp) − predikato]

(1) [S-P]
동생이 간다.
dongsaeng-i ganda.
Plijuna frato iras.

(2) [S-O-P]
동생이 *밥을* 먹어요.

dongsaeng-i *bab-eul* meog-eoyo.
Plijuna frato *rizon* manĝas.

(3) [S-A(tempo)-O-P]
동생이 *지금* 밥을 먹어요.
dongsaeng-i *jigeum* bab-eul meog-eoyo.
Plijuna frato *nun* rizon manĝas.

(4) [S-A(tempo)-A(loko)-O-P]
동생이 지금 *식당에서* 밥을 먹어요.
dongsaeng-i jigeum *sikttang-eseo* bab-eul meog-eoyo.
Plijuna frato nun *en manĝejo* rizon manĝas.

(5) [S-A(tempo)-A(loko)-O-A(maniero)-P]
동생이 지금 식당에서 밥을 *맛있게* 먹어요.
dongsaeng-i jigeum sikttang-eseo bab-eul *masitkke* meog-eoyo.
Plijuna frato nun en manĝejo rizon *bonguste* manĝas.

(6) [S-A(tempo)-A(loko)-O-A(maniero)-A(kvanto)-P]
동생이 지금 식당에서 밥을 맛있게 *많이* 먹어요.
dongsaeng-i jigeum sikttang-eseo bab-eul masitkke *mani* meog-eoyo.
Plijuna frato nun en manĝejo rizon bonguste *multe* manĝas.

(7) [S-A(tempo)-A(loko)-A(maniero)-O-A(maniero)-A(kvanto)-P]
동생이 지금 식당에서 *혼자* 밥을 맛있게 많이 먹어요.
dongsaeng-i jigeum sikttang-eseo *honja* bab-eul masitkke mani meog-eoyo.
Plijuna frato nun en manĝejo *sola* rizon bonguste multe manĝas.

17. Kelkaj utilaj parolturnoj

Jen mi donas kelkajn tre utilajn parolturnojn ofte uzatajn en ĉiutagaj interparoloj de koreoj. La parolturnoj rilatas ĉefe al konjugacio de verboj, adjektivoj kaj kopulo. Mi donas ilin en mez-honora formo. Kaj vi povas ŝanĝi ilin (la priskriban modon) al demanda modo, nur se vi ŝanĝas la frazmelodion.

(1) **-(eu)l geoyeyo**
   (-(으)ㄹ 거예요)

La signifo estas "(Mi) -os." aŭ "(Mi) estas -onta." Ĝi do estas unu alia formo de futura tenso. Se la radiko (de la verbo aŭ adjektivo aŭ kopulo) havas finan konsonanton (se la silabo estas VK aŭ KVK), vi devas uzi la eŭfonian vokalon 'eu'(으).

> **gal geoyeyo (갈 거예요)**
>   Mi iros.
> **meogeul geoyeyo (먹을 거예요)**
>   Mi manĝos.
> **bol geoyeyo (볼 거예요)**
>   Mi vidos.
> **ireoseol geoyeyo (일어설 거예요)**
>   Mi stariĝos.
> **saranghal geoyeyo (사랑할 거예요)**
>   Mi amos.
> **anjeul geoyeyo (앉을 거예요)**
>   Mi sidiĝos.

(2) **-a juseyo / -eo juseyo / -yeo yuseyo**
   (-아 주세요 / -어 주세요 / -여 주세요)

La signifo estas "Bonvole -u." Ĝi do estas volitiva modo por 2-a persono. Kaj la origina signifo de 'juseyo' estas 'donu'.

La finaĵo '-a' uziĝas post la vokaloj 'a, o', kaj la finaĵo '-eo' uziĝas post aliaj vokaloj krom '-a, -o'. La formo '-yeo juseyo' uziĝas post la radiko 'ha-'(하-; signife 'fari'), kaj la tutaĵo 'hayeo juseyo' ofte ŝanĝiĝas al 'hae juseyo'(해 주세요).

ga(←gaa) juseyo (가(←가아) 주세요)
　　Bonvole iru.
wa(←oa) juseyo (와(←오아) 주세요)
　　Bonvole venu.
bwa(←boa) juseyo (봐(←보아) 주세요)
　　Bonvole vidu.
chama juseyo (참아 주세요)
　　Bonvole toleru.
manna juseyo (만나 주세요)
　　Bonvole renkontu.
anja juseyo (앉아 주세요)
　　Bonvole sidiĝu.
seo(←seoeo) juseyo (서(←서어) 주세요)
　　Bonvole stariĝu.
meogeo juseyo (먹어 주세요)
　　Bonvole manĝu.
sseo(←sseueo) juseyo (써(←쓰어) 주세요)
　　Bonvole skribu (aŭ uzu).
bonae juseyo (보내 주세요)
　　Bonvole sendu.
deonjyeo juseyo (던져 주세요)
　　Bonvole ĵetu.
gidaryeo juseyo (기다려 주세요)
　　Bonvole atendu.

bikyeo juseyo (비켜 주세요)
　　Bonvole flankiĝu.
gippeohae juseyo (기뻐해 주세요)
　　Bonvole ĝoju.
joyonghihae juseyo (조용히 해 주세요)
　　Bonvole silentu.
saranghae juseyo (사랑해 주세요)
　　Bonvole amu.
jumok-ae yuseyo (주목해 주세요)
　　Bonvole atentu.

(Notoj)　'a+a' ŝanĝiĝas al 'a'　　　　(ㅏ + ㅏ → ㅏ)
　　　　'o+a' ŝanĝiĝas al 'wa'　　　(ㅗ + ㅏ → ㅘ)
　　　　'eo+eo' ŝanĝiĝas al 'eo'　　(ㅓ + ㅓ → ㅓ)
　　　　'u+eo' ŝanĝiĝas al 'wo'　　　(ㅜ + ㅓ → ㅝ)
　　　　'eu+eo' ŝanĝiĝas al 'eo'　　(ㅡ + ㅓ → ㅓ)

Se vi ne uzas la vorton '**juseyo**', la frazo fariĝas ne ĝentila ordono de volitivo, kiun oni uzas al amikoj aŭ malpliaĝaj homoj.

　(3) **-a jusillaeyo? / -eo jusillaeyo? / -yeo jusillaeyo?**
　　(-아 주실래요? / -어 주실래요? / -여 주실래요?)

La signifo estas "Ĉu vi bonvolus -i?" La finaĵo '**-a**' uziĝas post la vokaloj 'a, o', kaj la finaĵo '**-eo**' uziĝas post aliaj vokaloj krom '-a, -o'. La formo '**-yeo jusillaeyo**' uziĝas post la radiko '**ha-**'(하-), kaj la tutaĵo '**hayeo jusillaeyo?**' ofte ŝanĝiĝas al '**hae jusillaeyo?**'(해 주실래요?).

　ga(←gaa) jusillaeyo? (가 주실래요?)
　　Ĉu vi bonvolus iri?
　meogeo jusillaeyo? (먹어 주실래요?)
　　Ĉu vi bonvolus manĝi?

ilhae jusillaeyo? (일해 주실래요?)
　　Ĉu vi bonvolus labori?

(4) **-ado dwaeyo / -eodo dwaeyo / -yeodo dwaeyo**
　　(-아도 돼요 / -어도 돼요 / -여도 돼요)

La signifo estas "Eĉ se vi -as, tio ne problemas." Simple do, "Vi povas -i." aŭ "Eblas por vi -i.". La finaĵo '**-ado**' uziĝas post la vokaloj 'a, o', kaj la finaĵo '**-eodo**' post aliaj vokaloj krom 'a, o'. La finaĵo '**-yeodo**' uziĝas post la radiko '**ha-**'(하-), kaj la tutaĵo '**hayeodo dwaeyo**' ofte ŝanĝiĝas al '**haedo dwaeyo**'(해도 돼요).

　　gado(←gaado) dwaeyo (가도 돼요)
　　　　Vi povas iri.
　　bwado(←boado) dwaeyo (봐도 돼요)
　　　　Vi povas vidi.
　　meogeodo dwaeyo (먹어도 돼요)
　　　　Vi povas manĝi.
　　nuwodo dwaeyo (누워도 돼요)
　　　　Vi povas kuŝiĝi.
　　gippeohaedo dwaeyo (기뻐해도 돼요)
　　　　Vi povas ĝoji.
　　saranghaedo dwaeyo (사랑해도 돼요)
　　　　Vi povas ami.

Se vi uzas demandan frazmelodion, vi povas fari ilin al samsignifaj demandoj.

　　gado(←gaado) dwaeyo? (가도 돼요?)
　　　　Ĉu mi povas iri?

bwado(←boado) dwaeyo? (봐도 돼요?)
    Ĉu mi povas vidi?

meogeodo dwaeyo? (먹어도 돼요?)
    Ĉu mi povas manĝi?

nuwodo dwaeyo? (누워도 돼요?)
    Ĉu mi povas kuŝiĝi?

gippeohaedo dwaeyo? (기뻐해도 돼요?)
    Ĉu mi povas ĝoji?

saranghaedo dwaeyo? (사랑해도 돼요?)
    Ĉu mi povas ami?

(5) **-(eu)myeon dwaeyo**
    (-(으)면 돼요)

La signifo estas "Se vi -as, tio sufiĉas." Simple do, "Vi povas -i." Se la radiko de la verbo havas finan konsonanton (se la silabo estas VK aŭ KVK), vi devas uzi la eŭfonian vokalon '**eu**' (으).

gamyeon dwaeyo (가면 돼요)
    Vi povas iri.

meogeumyeon dwaeyo (먹으면 돼요)
    Vi povas manĝi.

Kaj se vi ŝanĝas la frazmelodion al demando, ĝi fariĝas samsignifa demando.

gamyeon dwaeyo? (가면 돼요?)
    Ĉu mi povas iri?

meogeumyeon dwaeyo? (먹으면 돼요?)
    Ĉu mi povas manĝi?

(6) -(eu)l jul arayo / -(eu)l su isseoyo

(-(으)ㄹ 줄 알아요 / -(으)ㄹ 수 있어요)

La signifo estas "Mi scias (kiel) -i." Kaj se la radiko de la verbo havas finan konsonanton (se la silabo estas VK aŭ KVK), vi devas uzi la eŭfonian vokalon 'eu'(으).

> **hal jul arayo (할 줄 알아요)**
> > Mi scias, kiel fari.
>
> **sseul jul arayo (쓸 줄 알아요)**
> > Mi scias skribi (aŭ uzi).
>
> **chumchul jul arayo (춤출 줄 알아요)**
> > Mi scias danci.
>
> **hal su isseoyo (할 수 있어요)**
> > Mi scias, kiel fari.
>
> **sseul su isseoyo (쓸 수 있어요)**
> > Mi scias skribi (aŭ uzi).
>
> **chumchul su isseoyo (춤출 수 있어요)**
> > Mi scias danci.

Kaj se vi ŝanĝas la frazmelodion al demando, ĝi fariĝas samsignifa demando.

> **hal jul arayo? (할 줄 알아요?)**
> > Ĉu vi scias, kiel fari?
>
> **sseul jul arayo? (쓸 줄 알아요?)**
> > Ĉu vi scias skribi (aŭ uzi)?
>
> **chumchul jul arayo? (춤출 줄 알아요?)**
> > Ĉu vi scias danci?
>
> **hal su isseoyo? (할 수 있어요?)**
> > Ĉu vi scias, kiel fari?

sseul su isseoyo? (쓸 수 있어요?)
    Ĉu vi scias skribi (aŭ uzi)?
chumchul su isseoyo? (춤출 수 있어요?)
    Ĉu vi scias danci?

(7) **-go sipeoyo**
    (-고 싶어요)

La signifo estas "Mi volas (aŭ deziras) -i."

gago sipeoyo (가고 싶어요)
    Mi volas (aŭ deziras) iri.
meok'kko sipeoyo (먹고 싶어요)
    Mi volas (aŭ deziras) manĝi.
ilhago sipeoyo (일하고 싶어요)
    Mi volas (aŭ deziras) labori.

Se vi uzas demandan frazmelodion, vi povas fari ilin al samsignifaj demandoj.

gago sipeoyo? (가고 싶어요?)
    Ĉu vi volas (aŭ deziras) iri?
meok'kko sipeoyo? (먹고 싶어요?)
    Ĉu vi volas (aŭ deziras) manĝi.
ilhago sipeoyo? (일하고 싶어요?)
    Ĉu vi volas (aŭ deziras) labori.

(8) **-ji maseyo**
    (-지 마세요)

La signifo estas "Bonvole ne -u." Ĝi estas volitiva (ordona) modo.

gaji maseyo (가지 마세요)
Bonvole ne iru.
meokjji maseyo (먹지 마세요)
Bonvole ne manĝu.
silsuhaji maseyo (실수하지 마세요)
Bonvole ne misfaru.

(9) **-(eu)ljji mollayo**
(-(으)ㄹ지 몰라요)

La signifo estas "Mi ne scias, ĉu -os." Simple do, "Eblas, ke -os."

galjji mollayo (갈지 몰라요)
Eblas, ke (iu) iros.
meogeuljji mollayo (먹을지 몰라요)
Eblas, ke (iu) manĝos.
ilhaljji mollayo (일할지 몰라요)
Eblas, ke (iu) laboros.

Se vi uzas demandan frazmelodion, vi povas fari ilin al samsignifaj demandoj.

galjji mollayo? (갈지 몰라요?)
Ĉu vi ne scias, ĉu (iu) iros?
meogeuljji mollayo? (먹을지 몰라요?)
Ĉu vi ne scias, ĉu (iu) manĝos?
ilhaljji mollayo? (일할지 몰라요?)
Ĉu vi ne scias, ĉu (iu) laboros?

(10) **-neun geot gatayo**
(-는 것 같아요)

La signifo estas "Ŝajnas, ke -as." Kaj ĝi uziĝas nur ĉe prezencaj verboj, ne ĉe adjektivoj, ĉar la korea morfemo 'neun'(는) havas la sencon de durativo.

> **ganeun geot gatayo** (가는 것 같아요)
> Ŝajnas, ke (iu) iras.
> **meong-neun geot gatayo** (먹는 것 같아요)
> Ŝajnas, ke (iu) manĝas.
> **ilhaneun geot gatayo** (일하는 것 같아요)
> Ŝajnas, ke (iu) laboras.

Se vi uzas demandan frazmelodion, vi povas fari ilin al samsignifaj demandoj.

> **ganeun geot gatayo?** (가는 것 같아요?)
> Ĉu ŝajnas, ke (iu) iras?
> **meong-neun geot gatayo?** (먹는 것 같아요?)
> Ĉu ŝajnas, ke (iu) manĝas?
> **ilhaneun geot gatayo?** (일하는 것 같아요?)
> Ĉu ŝajnas, ke (iu) laboras?

> (11) **–(eu)n geot gatayo**
> (-(으)ㄴ 것 같아요)

Ĝi uziĝas ĉe preteritaj verboj kun la signifo "Ŝajnas, ke -is.", kaj ĝi ankaŭ povas uziĝi ĉe prezencaj adjektivoj kun la signifo "Ŝajnas, ke -as."

(preteritaj verboj)
> **gan geot gatayo** (간 것 같아요)
> Ŝajnas, ke (iu) iris.

meog-eun geot gatayo (먹은 것 같아요)

    Ŝajnas, ke (iu) manĝis.

ilhan geot gatayo (일한 것 같아요)

    Ŝajnas, ke (iu) laboris.

(prezencaj adjektivoj)

yeppeun geot gatayo (예쁜 것 같아요)

    Ŝajnas, ke (iu, io) belas.

keun geot gatayo (큰 것 같아요)

    Ŝajnas, ke (iu, io) grandas.

jageun geot gatayo (작은 것 같아요)

    Ŝajnas, ke (iu, io) malgrandas.

Se vi uzas demandan frazmelodion, vi povas fari ilin al samsignifaj demandoj.

(preteritaj verboj)

gan geot gatayo? (간 것 같아요?)

    Ĉu ŝajnas, ke (iu) iris?

meog-eun geot gatayo? (먹은 것 같아요?)

    Ĉu ŝajnas, ke (iu) manĝis?

ilhan geot gatayo? (일한 것 같아요?)

    Ĉu ŝajnas, ke (iu) laboris?

(prezencaj adjektivoj)

yeppeun geot gatayo? (예쁜 것 같아요?)

    Ĉu ŝajnas, ke (iu, io) belas?

keun geot gatayo? (큰 것 같아요?)

    Ĉu ŝajnas, ke (iu, io) grandas?

jageun geot gatayo? (작은 것 같아요?)

    Ĉu ŝajnas, ke (iu, io) malgrandas?

(12) **–a bwasseoyo / -eo bwasseoyo / -yeo bwasseoyo**
(-아 봤어요 / -어 봤어요 / -여 봤어요)

La signifo estas "Mi spertis -i." La finaĵo '**-a**' uziĝas post la vokaloj 'a, o', kaj la finaĵo '**-eo**' uziĝas post aliaj vokaloj krom '-a, -o'. La finaĵo '**-yeo**' uziĝas post la radiko '**ha-**'(하-), kaj la tutaĵo '**hayeo bwasseoyo**' ofte ŝanĝiĝas al '**hae bwasseoyo**'(해 봤어요).

> **ga(←gaa) bwasseoyo** (가 봤어요)
>> Mi spertis iri.
> **meogeo bwasseoyo** (먹어 봤어요)
>> Mi spertis manĝi.
> **ilhae bwasseoyo** (일해 봤어요)
>> Mi spertis labori.

Se vi uzas demandan frazmelodion, vi povas fari ilin al samsignifaj demandoj.

> **ga(←gaa) bwasseoyo?** (가 봤어요?)
>> Ĉu vi spertis iri?
> **meogeo bwasseoyo?** (먹어 봤어요?)
>> Ĉu vi spertis manĝi?
> **ilhae bwasseoyo?** (일해 봤어요?)
>> Ĉu vi spertis labori?

18. Bazaj konversacioj

Oni diras, ke korea lingvo estas tre malfacila por fremduloj, ĉar ĝia predikato tre multe varias laŭ la sistemo de honoraj esprimoj. Sed feliĉe ĝi havas du tre utilajn kaj praktikajn konjugaciajn formojn, kiujn oni povas uzi ĉe diversaj okazoj. Ili estas la mez-honoraj lastaj finaĵoj, en priskriba modo (kaj samtempe en demanda modo kun demanda frazmelodio), en prezenca tenso por ĉiuj personoj. En korea lingvo predikatoj ne ŝanĝiĝas laŭ personoj.

Ili estas :

    '-ayo' (아요)   post vokaloj 'a, o'(ㅏ, ㅗ) aŭ

    '-eoyo' (어요)   post vokaloj krom 'a, o'(ㅏ, ㅗ).

Ilin oni povas uzi ankaŭ ĉe volitivoj de 2-a persono kaj de plurala 1-a persono. Se vi diras 'boayo'(보아요) (ĝi ofte prononciĝas '**bwayo**'(봐요)), tio signifas:

    '(Mi) vidas', aŭ

    'Vi vidu', aŭ

    'Ni vidu', aŭ

    'Ĉu (vi) vidas?' (kun demanda frazmelodio)

Kaj tial jen mi prezentas koreajn konversaciajn frazojn en tiu mez-honora '**-ayo / -eoyo**' formo, kiun vi povas utiligi tre multokaze. Sed en multaj lokoj mi prezentas ankaŭ formalajn, tre honorajn formojn de predikatoj kun la antaŭlasta finaĵo '**-(eu)si-**'(-(으)시-) kaj la lasta finaĵo '**-(seu)mnida**'(-(스)ㅂ니다).

(1) Saluto

Adiaŭ.

> **annyeong.**
> 안녕.

Bonan matenon.

> **annyeong-haseyo? / annyeong-hasimnikka?**
> 안녕하세요? / 안녕하십니까?

Bonan nokton. (ĉe lito)

> **annyeong-hi jumuseyo.**
> 안녕히 주무세요.

Bonan nokton. (sur strato)

> **annyeong-hi gaseyo.**
> 안녕히 가세요.

Bonan tagon.

> **annyeong-haseyo? / annyeong-hasimnikka?**
> 안녕하세요? / 안녕하십니까?

Bonan vesperon.

> **annyeong-haseyo? / annyeong-hasimnikka?**
> 안녕하세요? / 안녕하십니까?

Bonvenon.

> **eoseo oseyo.**
> 어서 오세요.

Dankon.

> **gomawoyo. / gomapsseumnida.**
> 고마워요. / 고맙습니다.
> **gamsa-hamnida.**
> 감사합니다.

Ĝis revido. (al foriranto)

> **annyeong. / annyeong-hi gaseyo.**
> 안녕. / 안녕히 가세요.

Ĝis revido. (al restanto)

> **annyeong. / annyeong-hi g(y)eseyo.**
> 안녕. / 안녕히 계세요.

Ĝis morgaŭ.

> **naeil bwayo. / naeil bopsida.**
> 내일 봐요. / 내일 봅시다.

Ĝis poste.

> **najung-e bwayo. / najung-e bopsida.**
> 나중에 봐요. / 나중에 봅시다.

Kiel vi fartas?

> **eotteoke jinaeseyo?**
> 어떻게 지내세요?

Mi ĝojas renkonti vin.

> **mannaseo ban-gawoyo. / mannaseo ban-gapseumnida.**
> 만나서 반가워요. / 만나서 반갑습니다.

Multan dankon.

> **daedanhi gamsa-hamnida.**
> 대단히 감사합니다.

Ne dankinde.

> **cheonmaneyo.**
> 천만에요.

Ne gravas. / Estas nenio.

> **gwaenchanayo**
> 괜찮아요.

Pardonon. (por peti favoron)

> **sill(y)e-haeyo. / sill(y)e-hamnida.**
> 실례해요. / 실례합니다.

Pardonon. (pri misfaro)

> **mian-haeyo. / mian-hamnida.**
> 미안해요. / 미안합니다.

Saluton.

> **annyeong.**
> 안녕.
> **annyeong-haseyo? / annyeong-hasimnikka?**
> 안녕하세요? / 안녕하십니까?

Sinjor(in)o / Fraŭlino Gim (Hansu)

Gim Hansu ssi. / Gim (Hansu) seonsaengnim.

김한수 씨. / 김(한수) 선생님.

(Noto) La nomo de koreoj ĝenerale konsistas el 3 silaboj, inter kiuj la unua estas familia nomo, ordinare unu-silaba, kaj la lastaj du silaboj estas persona nomo. Kaj la vorto 'ssi'(씨) estas honora titolo por ĉiuj homoj senkonsidere de sekso kaj geedziĝeco. Ĝi estas kutime uzata post la kompleta nomo (familia+persona). Sed oni uzas ĝin nur por voki samaĝajn aŭ pli junajn homojn. Por voki homojn pli maljunajn, aŭ por esprimi honoron, oni ĝenerale uzas la vorton '**seonsaengnim**' (선생님; signife 'instruisto') post la familia nomo aŭ post la kompleta nomo.

(2) Telefonado

Bonvole parolu pli laŭte.

jom keuge malhae juseyo.

좀 크게 말해 주세요.

Ĉu mi povas paroli kun s-ro (s-ino) −?

− **ssi, jom bakkwo juseyo.**

− 씨, 좀 바꿔 주세요.

Ĉu tie estas la domo de −?

geogi − ssi daegieyo?

거기 − 씨 댁이에요?

geogi − ssi daegimnikka?

거기 − 씨 댁입니까?

Ĉu tie estas s-ro (s-ino) −?

geogi − ssi g(y)eseyo?

거기 − 씨 계세요?

geogi − ssi g(y)esimnikka?

거기 − 씨 계십니까?

Ĉu vi bone aŭdas min?

jal deulliseyo?

잘 들리세요?

Halo.

yeoboseyo.

여보세요.

Kiam revenos s-ro (s-ino) －?

－ **ssi eonje doraoseyo?**

－ 씨 언제 돌아오세요?

Kie estas publika telefonbudo?

gongjung jeonhwa-ga eodi isseoyo?

공중전화가 어디 있어요?

Kie oni vendas telefonkarton?

jeonhwa kadeu eodi-seo parayo?

전화카드 어디서 팔아요?

Mi apenaŭ aŭdas vin.

jal an deullyeoyo.

잘 안 들려요.

Vi havas eraran numeron.

jalmot geosyeosseoyo.

잘못 거셨어요.

beonho-ga teullyeosseoyo.

번호가 틀렸어요.

(3) Interreto

Ĉu mi povas uzi interreton?

inteonet sseul su isseoyo?

인터넷 쓸 수 있어요?

Ĉu mi povas uzi vifion?

waipai sseul su isseoyo?

와이파이 쓸 수 있어요?

Ĉi tie la vifio-signalo estas tre malforta.

> **yeogi-neun waipai sinho-ga aju yak-aeyo.**
> 여기는 와이파이 신호가 아주 약해요.

Ĉi tie la vifio-signalo estas tre forta.

> **yeogi-neun waipai sinho-ga aju ganghaeyo.**
> 여기는 와이파이 신호가 아주 강해요.

Mi uzos interreton per mia tekkomputilo.

> **jeo-neun noteubug-euro inteones-eul sseugesseoyo.**
> 저는 노트북으로 인터넷을 쓰겠어요.

Kie estas la interreta konektilo?

> **inteonet yeon-gyeol seoni eodi isseoyo?**
> 인터넷 연결선이 어디 있어요?

Ĉu la interreto estas senpaga?

> **inteones-i muryo yeyo?**
> 인터넷이 무료예요?

Ĉi tie interreto ne bone konektiĝas.

> **yeogi-neun inteones-i jal an dwaeyo.**
> 여기는 인터넷이 잘 안 돼요.

Nun interreto konektiĝis.

> **ije inteones-i yeon-gyeol dwaesseoyo.**
> 이제 인터넷이 연결됐어요.

La interreto estas tre rapida.

> **inteonet soktto-ga aju ppallayo.**
> 인터넷 속도가 아주 빨라요.

La interreto estas tre malrapida.

> **inteonet soktto-ga aju neuryeoyo.**
> 인터넷 속도가 아주 느려요.

Bv malfermi la hejmpaĝon de UEA.

> **uea hompeiji jom yeoreo boseyo.**
> 우에아 홈페이지 좀 열어 보세요.

Serĉu ĝin en interreto.

> **inteones-eseo geugeol chaja boseyo.**
> 인터넷에서 그걸 찾아 보세요.

Mi uzas interreton per mia saĝtelefono.

> **seumateupon-euro inteones-eul haeyo.**
> 스마트폰으로 인터넷을 해요.

Venis mesaĝo de mia ĉina amiko.

> **jung-guk chin-gu hanteseo mesiji-ga wasseoyo.**
> 중국 친구한테서 메시지가 왔어요.

En Koreio multaj homoj uzas la mesaĝilon KakaoTalk.

> **han-gug-eseoneun kakaotog-eul mani sseoyo.**
> 한국에서는 카카오톡을 많이 써요.

Kio estas la plej granda portalo en Koreio?

> **han-gug-eseo jeil keun poteol saiteu-neun mwoyeyo?**
> 한국에서 제일 큰 포털사이트는 뭐예요?

La plej granda portalo en Koreio estas Naver.

> **han-gug-eseo jeil keun poteol saiteu-neun neibeo-yeyo.**
> 한국에서 제일 큰 포털사이트는 네이버예요.

Kio estas via retpoŝta adreso?

> **imeil juso-ga eotteoke doejiyo?**
> 이메일 주소가 어떻게 되지요?

Ĉu vi havas personan blogon?

> **beullogeu-ga isseoyo?**
> 블로그가 있어요?

Bv sciigu al mi la adreson de via blogo.

> **beullogeu juso jom allyeo juseyo.**
> 블로그 주소 좀 알려 주세요.

Bv vizitu mian blogon.

> **je beullogeu-reul hanbeon bangmun-hae juseyo.**
> 제 블로그를 한번 방문해 주세요.

Mi surŝutis multajn fotojn de hieraŭa ekskurso en mia blogo.

> **eoje sopung sajin-eul je beullogeu-e mani ollyeosseoyo.**
> 어제 소풍 사진을 제 블로그에 많이 올렸어요.

Vi povas legi la rakonton de mia lasta vojaĝo en mia blogo.

> **ibeon je yeohaeng iyagi-reul je beullogeu-eseo ilgeul su isseoyo.**

이번 제 여행 이야기를 제 블로그에서 읽을 수 있어
요.

Ĉu ekzistas Esperanto-babilejo en interreto?

inteones-e eseuperanto chaetingbang-i isseoyo?

인터넷에 에스페란토 채팅방이 있어요?

Jes, troviĝas diversaj Esperanto-babilejoj.

ne, eseuperanto chaetingbang-i mani isseoyo.

네, 에스페란토 채팅방이 많이 있어요.

Unu el la Esperanto-babilejoj estas "babilejo.org".

**eseuperanto chaetingbang jung-e "babilleyo jjeom oaljwi"
ga isseoyo.**

에스페란토 채팅방 중에 "바빌레요 점 오알쥐"가 있
어요.

(4) Manĝo

Akvon, mi petas.

mul jom juseyo.

물 좀 주세요.

Bonan apetiton.

mani deuseyo.

많이 드세요.

masikke japsuseyo.

맛있게 잡수세요.

Bonvole donu al mi malakran manĝaĵon.

an mae-un eumsig-eul juseyo.

안 매운 음식을 주세요.

Bonvole donu al mi akvon.

mul jom juseyo.

물 좀 주세요.

Bonvole kuiru ĝin malakre.

maepjji anke haejuseyo.

맵지 않게 해주세요.

Bonvole kuiru ĝin malsale.

> **jjaji anke haejuseyo.**
> 짜지 않게 해주세요.

Bonvole manĝu ĝin.

> **igeo jom deuseyo.**
> 이거 좀 드세요.

Bonvole manĝu multe.

> **mani deuseyo. / mani japsuseyo.**
> 많이 드세요. / 많이 잡수세요.

Bonvole manĝu pli.

> **deo deuseyo.**
> 더 드세요.

Ĉu ĝi estas bongusta?

> **geugeo masisseoyo?**
> 그거 맛있어요?

Ĉu koreaj manĝaĵoj plaĉas al vi?

> **han-guk eumsig-i ma-eum-e deuseyo?**
> 한국 음식이 마음에 드세요?

Ĉu ni trinku tason da teo?

> **cha hanjan halkkayo?**
> 차 한잔 할까요?

Ĉu vi ne estas malsata?

> **sijang-haji anayo? / sijang-haji aneuseyo?**
> 시장하지 않아요? / 시장하지 않으세요?

Drinkaĵo

> **sul**
> 술

Kafo

> **keopi**
> 커피

Mi estas malsata.

> **bae-ga gopayo. / bae-ga gopeumnida.**
> 배가 고파요. / 배가 고픕니다.

Mi kontente manĝis.

jal meogeosseoyo. / jal meogeosseumnida.
잘 먹었어요. / 잘 먹었습니다.

Mi manĝos malakran manĝaĵon.

an mae-un eumsig-eul meokkesseoyo.
안 매운 음식을 먹겠어요.

Mi manĝos malsalan manĝaĵon.

an jjan eumsig-eul meokkesseoyo.
안 짠 음식을 먹겠어요.

Teo

cha
차

Tre bongusta.

aju masisseoyo.
아주 맛있어요.

Trinkaĵo

eumnyosu
음료수

(5) Vojo

Atentu. / Gardu vin.

josim-haeyo. / josim-haseyo.
조심해요. / 조심하세요.

Bonvole helpu min.

(jeo-reul) jom dowa juseyo.
(저를) 좀 도와 주세요.

Bonvole iru tien.

jeori(-ro) gaseyo.
저리(로) 가세요.

Bonvole venu ĉi tien.

iri(-ro) oseyo.
이리(로) 오세요.

De kie vi venis?

> **eodi-seo osyeosseoyo?**
> 어디서 오셨어요?

Iom poste.

> **jogeum ittaga.**
> 조금 이따가.
>
> **najung-e.**
> 나중에.

Kiam vi revenos?

> **eonje dora oseyo?**
> 언제 돌아오세요?

Kiam vi venos?

> **eonje oseyo?**
> 언제 오세요?

Kie estas －?

> － , **eodi isseoyo?**
> － , 어디 있어요?

Kie estas banko?

> **eunhaeng-i eodi yeyo?**
> 은행이 어디예요?

Kie estas policejo?

> **gyeongchalseo-ga eodi yeyo?**
> 경찰서가 어디예요?

Kie vi loĝas?

> **eodi saseyo?**
> 어디 사세요?

Kien vi iras?

> **eodi(-ro) gaseyo?**
> 어디(로) 가세요?

Kio okazis?

> **museun irieyo?**
> 무슨 일이에요?

Kion vi faras nun?

>**jigeum mwol haseyo?**
>
>지금 뭘 하세요?

Momenton.

>**jamkkanman-yo.**
>
>잠깐만요.

Rapide transiru.

>**ppalli geonneoseyo.**
>
>빨리 건너세요.

(6) Butikumo

Bonvole donu −n.

>− , **jom juseyo.**
>
>− , 좀 주세요.

Bonvole rabatu.

>**jom kkakka juseyo.**
>
>좀 깎아 주세요.

Bonvole donu ĝin al mi.

>**igeo juseyo.**
>
>이거 주세요.

Ĉu vi vendas −?

>− , **parayo?**
>
>− , 팔아요?

Ĝi estas malmultekosta.

>**igeo ssayo.**
>
>이거 싸요.

Ĝi estas multekosta.

>**igeo bissayo.**
>
>이거 비싸요.

Jen estas la mono.

>**don yeogi isseoyo.**
>
>돈 여기 있어요.

Jen estas la ŝanĝmono/restmono.

yeogi geoseureumtton isseoyo.
여기 거스름돈 있어요.

yeogi jandon isseoyo.
여기 잔돈 있어요.

Kie estas ĉiovendejo −?

− baekwajeom-i eodi yeyo?
− 백화점이 어디예요?

Kiom ĝi kostas?

igeo eolma yeyo?
이거 얼마예요?

(7) Sento-esprimoj

Bedaŭrinde!

yugam ieyo.
유감이에요.

Ĉu ĝi estas interesa?

geugeo jaemi isseoyo?
그거 재미있어요?

Ĉu ĝi plaĉas al vi?

geugeo ma-eum-e deuseyo?
그거 마음에 드세요?

Estas freŝe!

siwon-haeyo.
시원해요.

Ĝi estas tre interesa.

geugeo aju jaemi isseoyo.
그거 아주 재미있어요.

Ĝi estas tre bela.

geugeo aju yeppeoyo.
그거 아주 예뻐요.

Ĝi plaĉas al mi.

    je ma-eum-e deureoyo.

    제 마음에 들어요.

Kia estas via humoro?

    gibun-i eottaeyo?

    기분이 어때요?

Mia humoro estas bona.

    gibun-i joayo.

    기분이 좋아요.

Mi havas malbonan humoron.

    gibun-i nappayo.

    기분이 나빠요.

Mi estas tre kontenta.

    aju manjokaeyo.

    아주 만족해요.

Mi estas malkontenta.

    bulman ieyo.

    불만이에요.

Mi tre ĝojas.

    aju gippeoyo.

    아주 기뻐요.

Mi tre timas.

    aju duryeowoyo.

    아주 두려워요.

Ne streĉiĝu.

    ginjang-haji maseyo.

    긴장하지 마세요.

Ne timu.

    geomnaeji maseyo.

    겁내지 마세요.

Ne zorgu.

    geokjjeong-haji maseyo.

    걱정하지 마세요.

Trankviliĝu.

>**ansim-haseyo.**
>안심하세요.

(8) Prezento

Ĉi tiu estas mia amiko.

>**i bun-eun je chin-gu yeyo.**
>이분은 제 친구예요.
>**i bun-eun je chin-gu imnida.**
>이분은 제 친구입니다.

Ĉi tiu estas mia edzo.

>**i saram-eun je nampyeon ieyo.**
>이 사람은 제 남편이에요.

Ĉi tiu estas mia edzino.

>**i saram-eun je anae yeyo.**
>이 사람은 제 아내예요.

Ĉi tiu infano estas mia filo.

>**i ai-neun je adeul ieyo.**
>이 아이는 제 아들이에요.

Ĉi tiu infano estas mia filino.

>**i ai-neun je ttal ieyo.**
>이 아이는 제 딸이에요.

Kio estas via nomo?

>**ireum-i mwo yeyo?**
>이름이 뭐예요?

Kiu vi estas?

>**nuguseyo?** (Ne rekte vidante la vizaĝon.)
>누구세요?

Kiu li/ŝi estas?

>**i bun-eun nuguseyo?**
>이분은 누구세요?

Mi bone konas lin/ŝin.

> **jeo-neun geu bun-eul jal arayo.**
> 저는 그분을 잘 알아요.
>
> **jeo-neun geu bun-eul jal amnida.**
> 저는 그분을 잘 압니다.

Mi estas －.

> **jeo-neun －ieyo.**
> 저는 －이에요.
>
> **jeo-neun －imnida.**
> 저는 －입니다.

Mi prezentas lin/ŝin.

> **i bun-eul sogae-hamnida.**
> 이분을 소개합니다.

Mi prezentas min.

> **jeo-reul sogae-hagesseumnida.**
> 저를 소개하겠습니다.

Pardonon, sed kion vi faras?

> **sill(y)ejiman mwol haseyo?**
> 실례지만 뭘 하세요?

(9) Dato, Horo

Antaŭ-hieraŭ

> **geuje**
> 그제

Ĉu vi havas tempon?

> **sigan-i isseoyo? / sigan-i isseumnikka?**
> 시간이 있어요? / 시간이 있습니까?

Hieraŭ

> **eoje**
> 어제

Hodiaŭ

> **oneul**
> 오늘

Hodiaŭ estas mia naskiĝtago.

oneul je saeng-ir-ieyo.

오늘 제 생일이에요.

oneul je saeng-ir-imnida.

오늘 제 생일입니다.

Je kioma horo (ĝi) komenciĝas?

myeot si-e sijak-aeyo?

몇 시에 시작해요?

Kiam estas via naskiĝtago?

saeng-ir-i eonje yeyo?

생일이 언제예요?

Kioma horo estas nun?

jigeum myeot si yeyo?

지금 몇 시예요?

jigeum myeot si imnikka?

지금 몇 시입니까?

Kiu tago de la semajno estas hodiaŭ?

oneul museun yoir-ieyo?

오늘 무슨 요일이에요?

Kiun daton ni havas hodiaŭ?

oneul myeochir-ieyo?

오늘 며칠이에요?

Mi refoje venos morgaŭ matene.

naeil achim-e dasi ogesseoyo.

내일 아침에 다시 오겠어요.

Mi revenos morgaŭ matene.

naeil achim-e dora ogesseoyo.

내일 아침에 돌아오겠어요.

Morgaŭ

naeil   내일

Post-morgaŭ

more   모레

(10) Vojaĝo

Ĉu Koreio plaĉas al vi?

> **han-gug-i ma-eum-e deuseyo?**
> 한국이 마음에 드세요?

Ĉu vi sola vojaĝas?

> **honja yeohaeng-haseyo?**
> 혼자 여행하세요?

Mi perdis mian pasporton.

> **yeokkwon-eul ireo beoryeosseoyo.**
> 여권을 잃어 버렸어요.

Mi unuafoje vizitas Koreion.

> **(jeo-neun) han-gug-i cheo-eum ieyo.**
> (저는) 한국이 처음이에요.

Kia estis la vojaĝo?

> **yeohaeng-i eottaesseoyo?**
> 여행이 어땠어요?

Kie estas flughaveno?

> **gong-hang-i eodi yeyo?**
> 공항이 어디예요?

Kie vi vojaĝis?

> **eodi yeohaeng-hasyeosseoyo?**
> 어디 여행하셨어요?

Kien vi vojaĝos?

> **eodi(-ro) yeohaeng-hasigesseoyo?**
> 어디(로) 여행하시겠어요?

Kun kiu vi vojaĝis?

> **nugu-wa hamkke yeohaeng-haesseoyo?**
> 누구와 함께 여행했어요?

(11) Vetero

Blovas (forte).

> **baram-i (sege) bureoyo. / baram-i (sege) bumnida.**
> 바람이 (세게) 불어요. / 바람이 (세게) 붑니다.

Estas (tre) malvarme.

> **(aju) chuwoyo. / (aju) chupseumnida.**
> (아주) 추워요. / (아주) 춥습니다.

Estas (tre) varme.

> **(aju) deowoyo. / (aju) deopseumnida.**
> (아주) 더워요. / (아주) 덥습니다.

Estas varmete.

> **ttatteutaeyo. / ttatteutamnida.**
> 따뜻해요. / 따뜻합니다.

Fulmas.

> **beon-gae-ga chyeoyo. / beon-gae-ga chimnida.**
> 번개가 쳐요. / 번개가 칩니다.

Kia estas la vetero?

> **nalssi-ga eottaeyo?**
> 날씨가 어때요?

La sunbrilo estas forta.

> **haeppyeoch-i ttagawoyo.**
> 햇볕이 따가워요.

La suno brilas.

> **hae-ga binnayo. / hae-ga binnamnida.**
> 해가 빛나요. / 해가 빛납니다.

La vetero estas tre bona.

> **nalssi-ga aju joayo.**
> 날씨가 아주 좋아요.

Mi amas pluvon.

> **jeo-neun bi-reul joa-haeyo.**
> 저는 비를 좋아해요.
> **jeo-neun bi-reul joa-hamnida.**
> 저는 비를 좋아합니다.

Neĝas.

> **nun-i wayo. / nun-i omnida.**
> 눈이 와요. / 눈이 옵니다.

Pluvas.

bi-ga wayo. / bi-ga omnida.
비가 와요. / 비가 옵니다.

Tondras.

cheondung-i chyeoyo. / cheondung-i chimnida.
천둥이 쳐요. / 천둥이 칩니다.

(12) Mallongaj esprimoj

Bone.

joayo. / jot-seumnida.
좋아요. / 좋습니다.

Ĉi tie

yeogi
여기

Ĉi tien

yeogi-ro / iri(-ro)
여기로 / 이리(로)

Ĉi tio

i geo / i geot
이거 / 이것

De kie?

eodi-(e)seo?
어디(에)서?

Iom

jom
좀

Jes.

ne. / ye.
네. / 예.

Kial?

wae?
왜?

Kiam?

> **eonje?**
> 언제?

Kie?

> **eodi(e)?**
> 어디(에)?

Kiel?

> **eotteoke?**
> 어떻게?

Kien?

> **eodi-ro?**
> 어디로?

Kio? / Kion vi diras?

> **mwo? / mworagoyo?**
> 뭐? / 뭐라고요?

Kiom?

> **eolma(na)?**
> 얼마(나)?

Kiu?

> **nugu?** (intima esprimo)
> 누구?
>
> **nuguseyo?** (honora esprimo)
> 누구세요?

Malmulte

> **jogeum / jom**
> 조금 / 좀

Malrapide

> **cheoncheoni**
> 천천히

Multe

> **mani**
> 많이

Ne.

aniyo. / animnida.
아니요. / 아닙니다.

Ne eblas. (Vi ne povas ...)

an dwaeyo. / an doemnida.
안 돼요. / 안 됩니다.

Rapide

ppalli
빨리

Tie (malproksima de ambaŭ)

jeogi
저기

Tie (proksima al alparolato)

geogi
거기

Tien (malproksimen de ambaŭ)

jeogi-ro / jeori(-ro)
저기로 / 저리(로)

Tien (proksimen al alparolato)

geogi-ro / geuri(-ro)
거기로 / 그리(로)

Tio (malproksima de ambaŭ)

jeo geo / jeo geot
저거 / 저것

Tio (proksima al alparolato)

geu geo / geu geot
그거 / 그것

Tre

aju
아주

Tro

neomu
너무

19. Utilaj esprimoj

Al kiu vi diras?

nugu bogo haneun mar-ieyo?
누구보고 하는 말이에요?

Al la dekstra flanko. / Dekstren.

oreun jjog-euro.
오른 쪽으로.

Al la maldekstra flanko. / Maldekstren.

oen jjog-euro.
왼쪽으로.

Ankaŭ mi.

jeodoyo.
저도요.

Ankoraŭ.

ajik.
아직.

Ankoraŭfoje, mi petas.

han beon deo hae juseyo.
한 번 더 해 주세요.

Antaŭ tiam.

geu jeon-e.
그 전에.

Bedaŭrinde.

yugam ieyo.
유감이에요.

Bonan dormon. / Bonan nokton.

annyeong-hi jumuseyo.
안녕히 주무세요.

Bone. / Lerte. / Ofte.

jal.
잘.

Bonvenon. Venu rapide.

eoseo oseyo.

어서 오세요.

Bv. alportu al mi −.

−, **gat'tta juseyo.**

−, 갖다 주세요.

Bv. donu al mi −

−, **jom juseyo.**

−, 좀 주세요.

Bv. donu al mi iom da −.

−, **jom juseyo.**

−, 좀 주세요.

Bv. donu al mi iom pli.

jom deo juseyo.

좀 더 주세요.

Bv. faru kune.

gachi haeyo.

같이 해요.

Bv. iru malrapide.

cheoncheoni gaseyo.

천천히 가세요.

Bv. iru rapide.

ppalli gaseyo.

빨리 가세요.

Bv. manĝu multe. / Bonan apetiton.

mani deuseyo.

많이 드세요.

Bv. ne parolu en la angla.

yeong-eo-ro haji maseyo.

영어로 하지 마세요.

Bv. ne vidu (legu) libron.

chaeg-eul boji maseyo.

책을 보지 마세요.

Bv. nur aŭskultu.

    deutkkiman haseyo.

    들기만 하세요.

Bv. parolu en la korea.

    han-gug-eo-ro haseyo.

    한국어로 하세요.

Bv. venu ĉi tien.

    iri oseyo.

    이리 오세요.

Bv. vidu (legu) libron.

    chaeg-eul boseyo.

    책을 보세요.

Ĉi tie.

    yeogi.

    여기.

Ĉi tien.

    iri(-ro). / yeogi-ro.

    이리(로). / 여기로.

Ĉi tio estas −.

    igeon − imnida.

    이건 −입니다.

Ĉi tio.

    i geo. / igeot.

    이거. / 이것.

Ĉio(n). / Ĉiom.

    da.

    다.

Ĉiuj kune.

    da gachi.

    다 같이.

Ĉu bone?

    joayo?

    좋아요?

Ĉu mi rajtas uzi −?

    −, sseodo dwaeyo?
    −, 써도 돼요?

Ĉu neniu estas (ĉi tie)?

    amudo eopsseoyo?
    아무도 없어요?

Ĉu ni drinku?

    (sul) hanjan halkkayo?
    (술) 한잔 할까요?

Ĉu ni manĝu ion?

    mwol jom meogeulkkayo?
    뭘 좀 먹을까요?

Ĉu ni trinku tason da teo?

    cha hanjan halkkayo?
    차 한잔 할까요?

Ĉu plaĉas al vi −? Ĉu vi amas −?

    −i/ga joayo?
    − 이/가 좋아요?

Ĉu vere?

    jeongmar-ieyo?
    정말이에요?

Ĉu vi havas vizitkarton (=nomkarton)?

    myeongham isseuseyo?
    명함 있으세요?

Ĉu vi komprenas?

    asigesseoyo?
    아시겠어요? (scio)

Ĉu vi komprenas?

    ihae-haseyo?
    이해하세요? (kompreno)

Ĉu vi povas paroli en Esperanto?

    eseuperanto haljjul aseyo?
    에스페란토 할 줄 아세요?

Ĉu vi povas paroli en korea lingvo?

> **han-gung-mal haljjul aseyo?**
> 한국말 할 줄 아세요?

Ĉu vi scias, kio estas ĉi tio?

> **ige mwonji aseyo?**
> 이게 뭔지 아세요?

Ĉu vi sentas vin malsata?

> **bae gopayo?**
> 배 고파요?

Ĉu vi trinkos tason da teo?

> **cha hanjan hasillaeyo?**
> 차 한잔 하실래요?

Dankon.

> **gomawoyo.** (intima esprimo)
> 고마워요.

Dankon.

> **gomapseumnida.** (tre ĝetila, formala esprimo).
> 고맙습니다.

Daŭrigu.

> **g(y)esokaseyo.**
> 계속하세요.

De kie vi venis?

> **eodiseo osyeosseoyo?** (pli honora esprimo)
> 어디서 오셨어요?

De kie vi venis?

> **eodiseo wasseoyo?** (pli intima esprimo)
> 어디서 왔어요?

Poste.

> **i hu-e. / najung-e.**
> 이후에. / 나중에.

Domaĝe.

> **(jeoreon) an dwaetkkunyo.**
> (저런) 안 됐군요.

Eliru.

nagaseyo.
나가세요.

Envenu.

deureo wayo.
들어와요.

Estas interese. / Estas agrable.

jaemi inneyo.
재미있네요.

Estas tiel. / Jes. / Vere.

geuraeyo.
그래요.

Faru (tion) rapide.

ppalli haseyo.
빨리 하세요.

Fi. Ridinde. Vi ridigas min. (al pli juna homo)

ut-kkine.
웃기네.

Gardu vin.

josimhaeyo.
조심해요.

Ĝis morgaŭ.

naeil (tto) bopsida.
내일 (또) 봅시다.   ('tto': ree)

Ĝis morgaŭ. (pli intima esprimo)

naeil bwayo.
내일 봐요.

Ĝis revido. (al la foriranto)

annyeong-hi gaseyo.
안녕히 가세요.

Ĝuste antaŭen.

baro apeuro.
바로 앞으로.

Halo. He. (por voki iun aŭ ĉe telefonvoko).

    yeoboseyo.

    여보세요.

Hieraŭ.

    eoje.

    어제.

Hodiaŭ

    onul.

    오늘.

Iom pli. / Kelke pli.

    jom deo.

    좀 더.

Iom poste.

    jogeum ittaga.

    조금 이따가.

Iom. / Kelke.

    jom.

    좀

Iru kune.

    gachi gapsida.

    같이 갑시다.

Iru rapide.

    ppalli gaseyo.

    빨리 가세요.

Iru tien.

    jeori gaseyo.

    저리 가세요.

Jam.

    beolsseo.

    벌써.

Jen estas －.

    －, yeogi isseoyo.

    －, 여기 있어요.

Jen estas mia vizitkarto (=nomkarto).

je myeongham ieyo.
제 명함이에요.

Jes.

ne. / ye.
네. / 예.

Kaj ...

geurigo ...
그리고 ...

Kaj tial ...

geuraeseo ...
그래서 ...

Kia demando?

museun jilmun?
무슨 질문?

Kial?

wae?
왜?

Kiam vi iros?

eonje gaseyo?
언제 가세요?

Kiam vi venos?

eonje oseyo?
언제 오세요?

Kiam?

eonje?
언제?

Kie (mi) devas preni la veturilon?

cha-reul eodiseo taya haeyo?
차를 어디서 타야 해요?

Kie estas −? (demando pri loko)

−i/ga eodi yeyo?
− 이/가 어디예요?

Kie estas ㅡ? (demando pri kio ekzistas kie)
>
> ㅡ, **eodie isseoyo?**
> ㅡ, **어디에 있어요?**

Kie estas ĉi tie? / Kie mi estas?
>
> **yeogi-ga eodi yeyo?**
> **여기가 어디예요?**

Kie estas via domo?
>
> **jibi eodi yeyo?**
> **집이 어디예요?**

Kie vi estas?
>
> **eodie isseoyo?**
> **어디에 있어요?**

Kie?
>
> **eodi?**
> **어디?**

Kiel?
>
> **eotteoke?**
> **어떻게?**

Kien (mi) devas iri?
>
> **eodiro gaya haeyo?**
> **어디로 가야 해요?**

Kien vi iras?
>
> **eodi gaseyo?**
> **어디 가세요?**

Kien vi iras?
>
> **eodi gayo?**
> **어디 가요?**

Kies vico?
>
> **nugu char(y)e yeyo?**
> **누구 차례예요?**

Kio estas ĉi tio?
>
> **ige mwo yeyo?**
> **이게 뭐예요?**

Kio estas via nomo? (formala esprimo)
> **seongham-i eotteoke doeseyo?**
> 성함이 어떻게 되세요?

Kio okazis? / Kia afero?
> **museun irieyo?**
> 무슨 일이에요?

Kio?
> **mwo?**
> 뭐?

Kio? / Kion vi diras?
> **mworagoyo?**
> 뭐라고요?

Kiom?
> **eolma(na)?**
> 얼마(나)?

Kion vi faras?
> **mwol haeyo?**
> 뭘 해요?

Kion vi pensas?
> **mwol saeng'gakaeyo?**
> 뭘 생각해요?

Kion vi volas manĝi?
> **mwol meogeullaeyo?**
> 뭘 먹을래요?

Kion?
> **mwol?**
> 뭘?

Kiu eliris?
> **nuga nagasseoyo?**
> 누가 나갔어요?

Kiu telefonis?
> **nuga jeonhwa-haesseoyo?**
> 누가 전화했어요?

Kiu venis?

> **nuga wasseoyo?**
> 누가 왔어요?

Kiu vi estas? (ordinare ne rekte vidante la vizaĝon)

> **nuguseyo?**
> 누구세요?

Kiu? (malhonora esprimo)

> **nugu?**
> 누구?

Kiun?

> **nugu-reul? /nugul?**
> 누구를? / 누굴?

Kompreneble.

> **mullon(ieyo).**
> 물론(이에요).

Korea alfabeto estas facila.

> **han-geureun swiwoyo.**
> 한글은 쉬워요.

Korea lingvo estas tre malfacila.

> **han-gung-mari aju eoryeowoyo.**
> 한국말이 아주 어려워요.

Leviĝu. / Stariĝu.

> **ireonayo.**
> 일어나요.

Longan tempon. (post longa ne-vido)

> **oraenman ieyo.**
> 오랜만이에요.

Malrapide, mi petas.

> **cheoncheoni hae juseyo.**
> 천천히 해 주세요.

Mi amas (ŝatas) − / − plaĉas al mi.

> **−i/ga joayo.**
> − 이/가 좋아요.

Mi amas vin.

> **(dangsin-eul) sarang-haeyo.**
> **(당신을) 사랑해요.**

Mi eltenu. / Mi toleru.

> **naega chamjiyo.**
> 내가 참지요.

Mi estas －. (nomo aŭ profesio)

> **jeoneun －imnida.**
> 저는 － 입니다.

Mi estas laca.

> **pigon-haeyo.**
> 피곤해요.

Mi estas soifa.

> **mong mallayo.**
> 목 말라요.

Mi ĝojas vidi vin.

> **ban-gawoyo.**
> 반가워요.

Mi iom scias la korean.

> **han-gung-mareul jogeum arayo.**
> 한국말을 조금 알아요.

Mi komprenas. / Mi scias.

> **arayo. / arasseoyo.**
> 알아요. / 알았어요.

Mi kontente manĝis.

> **jal meogeosseoyo.**
> 잘 먹었어요.

Mi ne komprenas. / Mi ne scias.

> **moreumnida.**
> 모릅니다.

Mi ne scias.

> **jeo-neun moreumnida.** (pli honora esprimo)
> 저는 모릅니다.

Mi ne scias.

> **jeo-neun mollayo.** (pli intima esprimo)
> 저는 몰라요.

Mi petas vian favoron.

> **jal butakamnida.**
> 잘 부탁합니다.

Mi venis de −.

> **jeoneun −eseo wasseoyo.**
> 저는 −에서 왔어요.

Mia vico.

> **nae char(y)e yeyo.**
> 내 차례예요.

Momenton.

> **jamkkanmanyo.**
> 잠깐만요.

Morgaŭ.

> **naeil.**
> 내일.

Multe.

> **mani.**
> 많이.

Ne diru sensencaĵon. / Ne deliru.

> **heot ssori haji marayo.**
> 헛소리하지 말아요.

Ne gravas. / Nenia ĝeno. / Nenia problemo.

> **gwaenchanayo.**
> 괜찮아요.

Ne mensogu.

> **geojinmal marayo.**
> 거짓말 말아요.

Ne plu. / Bonvolu ĉesi.

> **geuman-haseyo.**
> 그만하세요.

Ne ridigu min.

> **ut-kkiji marayo.**
> 웃기지 말아요.

Ne ŝercu.

> **nongdam marayo.**
> 농담 말아요.

Ne surpriziĝu.

> **nollaji marayo.**
> 놀라지 말아요.

Ne troigu.

> **gwajang-haji marayo.**
> 과장하지 말아요.

Ne trompu.

> **sogiji marayo.**
> 속이지 말아요.

Ne tuŝu.

> **geondeuriji marayo.**
> 건드리지 말아요.

Ne zorgu. / Ne maltrankviliĝu.

> **geokjjeong-haji maseyo.**
> 걱정하지 마세요.

Ne. (ne honore)

> **ani.**
> 아니.

Ne. (pli honore)

> **aniyo.**
> 아니요.

Ne. (plej honore)

> **animnida.**
> 아닙니다.

Ne dankinde. / Tute ne.

> **cheonmaneyo.**
> 천만에요.

Nenio.

amugeot'tto anieyo.

아무것도 아니에요.

Nun.

jigeum.

지금.

Nur ŝerce. / Ĝi estas ŝerco.

nongdam ieyo.

농담이에요.

Ofte.

jaju.

자주.

Pardonon. (ne pro misfaro sed por ĝentileco)

sill(y)ehamnida.

실례합니다.

Pardonon. (pro ia misfaro)

mianhaeyo.

미안해요.

Pli. / Plu.

deo.

더.

Post tiam.

geu hu-e.

그 후에.

Poste. (post ĉi tio)

i da-eum-e.

이다음에.

Poste. (post tio)

geu da-eum-e.

그다음에.

Restu ĉi tie.

yeogi isseoyo.

여기 있어요.

yeogi k(y)eseyo. (pli honore)
여기 계세요.

Saluton.

annyeong-haseyo? (honore)
안녕하세요?

Saluton.

annyeong! (intime)
안녕!

Sed ... / Tamen ...

geureochiman ...
그렇지만 ...

Sekvu min.

ttara oseyo.
따라오세요.

Senkaŭze. / Sen speciala kialo.

geunyang.
그냥.

Stultulo. / Malsaĝulo.

babo.
바보.

Sufiĉe.

neongneoki.
넉넉히.

Ŝerce, ĉu ne?

nongdam ijiyo?
농담이지요?

Tie. (ĉirkaŭ vi)

geogi.
거기.

Tie. (malproksime de vi kaj mi, ambaŭ)

jeogi.
저기.

Tien. (al ĉirkaŭ vi)

geogi-ro. / geuri(-ro)
거기로. / 그리(로)

Tien. (malproksimen de vi kaj mi, ambaŭ)

jeogi-ro. / jeori(-ro).
저기로. / 저리(로).

Tio. (ĉirkaŭ vi)

geu geo. / geu geot.
그거. / 그것.

Tio. (malproksime de vi kaj mi, ambaŭ)

jeo geo. / jeo geot.
저거. / 저것.

Tro.

neomu.
너무.

Ventro doloras.

baega apayo.
배가 아파요.

Venu ĉi tien.

iri oseyo.
이리 오세요.

Venu rapide.

ppalli oseyo.
빨리 오세요.

Vi plaĉas al mi.

(dangsin-i) maeum-e deureoyo.
(당신이) 마음에 들어요.

20. Utilaj vortoj

(1) Necesaj vortoj

adreso
 juso (주소)
ambasadorejo
 daesagwan (대사관)
aŭtobuso
 beoseu (버스)
cigaredo
 dambae (담배)
drinkejo
 suljjip (술집)
ekrano (komputila)
 moniteo (모니터)
fotilo
 sajin-kki (사진기)
foto
 sajin (사진)
hejmpaĝo
 hompeiji (홈페이지)
horloĝo
 sig(y)e (시계)
interreto
 inteonet (인터넷)
kafejo
 keopisyop (커피숍) / **dabang** (다방)
klavaro (komputila)
 japan (자판) / **kibodeu** (키보드)
komputila dokumento
 (keompyuteo) pail ((컴퓨터) 파일)

komputilo
keompyuteo (컴퓨터)

kongreso
daehoe (대회)

korea alfabeto
han-geul (한글)

korea lingvo
han-gug-eo (한국어) / **han-gung-mal** (한국말)

koreo
han-gug-in (한국인) / **han-guk saram** (한국 사람)

Koreio
han-guk (한국)

krajono
yeonpil (연필)

kreditkarto
sinyong kadeu (신용카드)

libro
chaek (책)

manĝejo
sik-ttang (식당)

maro
bada (바다)

mesaĝilo
mesinjeo (메신저)

mono
don (돈)

monto
san (산)

monujo
jigap (지갑)

necesejo
hwajangsil (화장실)

okulvitroj
>**an-gyeong** (안경)

pasporto
>**yeokkwon** (여권)

poŝtelefono
>**haendeupon** (핸드폰) / **hyudaepon** (휴대폰)

printilo
>**peurinteo** (프린터)

retpoŝto
>**imeil** (이메일)

retpoŝta adreso
>**imeil juso** (이메일 주소)

saĝtelefono
>**seumateupon** (스마트폰)

speciala karto por aŭtobuso
>**beoseu kadeu** (버스 카드)

subtera trajno
>**jihacheol** (지하철)

subtertrajna stacio
>**jihacheol yeok** (지하철 역)

ŝuoj
>**sin** (신)

tagĵurnalo
>**sinmun** (신문)

taksio
>**taeksi** (택시)

tekkomputilo
>**noteubuk (keompyuteo)** (노트북 (컴퓨터))

telefonnumero
>**jeonhwa beonho** (전화번호)

telefono
>**jeonhwa(gi)** (전화(기))

televidilo / televido
> **tellebijeon** (텔레비전)

urbodomo
> **sicheong** (시청)

USB
> **yu-eseu-bi** (유에스비)

USIM karto
> **yusim kadeu** (유심 카드)

valizo
> **gabang** (가방)

vesto
> **ot** (옷)

video
> **bidio** (비디오)

vizo
> **bija** (비자)

(2) Sezono, Monato, Tago

printempo
> **bom** (봄)

somero
> **yeoreum** (여름)

aŭtuno
> **ga-eul** (가을)

vintro
> **gyeo-ul** (겨울)

januaro
> **ir-wol** (일월)

februaro
> **i-wol** (이월)

marto
> **sam-wol** (삼월)

aprilo
> **sa-wol (사월)**

majo
> **o-wol (오월)**

junio
> **yu-wol (유월)**

julio
> **chir-wol (칠월)**

aŭgusto
> **par-wol (팔월)**

septembro
> **gu-wol (구월)**

oktobro
> **si-wol (시월)**

novembro
> **sib-ir-wol (십일월)**

decembro
> **sib-i-wol (십이월)**

dimanĉo
> **ir-yoil (일요일)**

lundo
> **wor-yoil (월요일)**

mardo
> **hwa-yoil (화요일)**

merkredo
> **su-yoil (수요일)**

ĵaŭdo
> **mog-yoil (목요일)**

vendredo
> **geum-yoil (금요일)**

sabato
> **to-yoil (토요일)**

(3) Korpo-partoj

brako
> **pal** (팔)

brusto
> **gaseum** (가슴)

buŝo
> **ip** (입)

dentoj
> **i** (이)

dorso
> **deung** (등)

fingro
> **son-kkarak** (손가락)

gambo
> **dari** (다리)

kapo
> **meori** (머리)

kapharoj
> **meori karak** (머리카락)

kolo
> **mok** (목)

lango
> **hyeo** (혀)

mano
> **son** (손)

manplato
> **son-ppadak** (손바닥)

mentono
> **teok** (턱)

nazo
> **ko** (코)

okuloj
> **nun** (눈)

oreloj
> **gwi** (귀)

piedfingro
bal-kkarak (발가락)

piedo
bal (발)

piedplato
bal-ppadak (발바닥)

sidvangoj
eongdeong-i (엉덩이)

ŝultroj
eokkae (어깨)

talio
heori (허리)

umbiliko
baekkop (배꼽)

vangoj
ppyam (뺨)

ventro
bae (배)

(4) Direkto, Kontinentoj kaj Landoj

Nordo
buk (jjok) (북 (쪽))

Okcidento
seo (jjok) (서 (쪽))

Oriento
dong (jjok) (동 (쪽))

Sudo
nam (jjok) (남 (쪽))

Afriko
apeurika (아프리카)

Ameriko
> **amerika** (아메리카)

Centr-Ameriko
> **jung-ang amerika** (중앙아메리카)

Nord-Ameriko
> **buk amerika** (북아메리카)

Sud-Ameriko
> **nam amerika** (남아메리카)

Aŭstralio
> **oseuteureillia** (오스트레일리아)
>
> **hoju** (호주) (mallonga, pli ofte uzata)

Azio
> **asia** (아시아)

Eŭropo
> **yureop** (유럽)

Afganio
> **afeuganiseutan** (아프가니스탄)

Albanio
> **albania** (알바니아)

Alĝerio
> **aljeri** (알제리)

Andoro
> **andora** (안도라)

Anglio
> **yeong-guk** (영국)

Angolo
> **ang-golla** (앙골라)

Antigvo kaj Barbudo
> **aentiga babuda** (앤티가 바부다)

Argentino
> **areuhentina** (아르헨티나)

Armenio
> **areumenia (아르메니아)**

Aŭstralio
> **oseuteureillia (오스트레일리아)**
> **hoju (호주)** (mallonga, pli ofte uzata)

Aŭstrio
> **oseuteuria (오스트리아)**

Azerbajĝano
> **ajereubaijan (아제르바이잔)**

Bahamoj
> **bahama (바하마)**

Bangladeŝo
> **bang-gladesi (방글라데시)**

Barato (Hinda Unio)
> **indo (인도)**

Barbado
> **babeidoseu (바베이도스)**

Barejno
> **barein (바레인)**

Belgio
> **belgie (벨기에)**

Belizo
> **bellijeu (벨리즈)**

Belorusio
> **bellaruseu (벨라루스)**

Benino
> **benin (베닌)**

Bermudoj
> **beomyuda jedo (버뮤다)**

Birmo
> **miyanma (미얀마)**

Bocvano
> **bocheu-wana (보츠와나)**

Bolivio

 bollibia (볼리비아)

Bosnio kaj Hercegovino

 boseunia hereuchegobina (보스니아 헤르체고비나)

Brazilo

 beurajil (브라질)

Britio

 yeong-guk (영국)

Brunejo

 beurunai (브루나이)

Bulgario

 bulgaria (불가리아)

Burkino

 bureukinapaso (부르키나파소)

Burundo

 burundi (부룬디)

Butano

 butan (부탄)

Centr-Afriko

 jung-ang apeurika gonghwaguk (중앙아프리카공화국)

Ĉado

 chadeu (차드)

Ĉeĥio

 cheko (체코)

Ĉilio

 chille (칠레)

Ĉinio

 junghwa inmin gonghwaguk (중화인민공화국)

 jung-guk (중국) (mallonga, pli ofte uzata)

 (Tajvano) (Formozo)

  taiwan (타이완)

  daeman (대만) (pli ofte uzata)

Danio
     denmakeu (덴마크)

Dominika Respubliko
     dominika gonghwaguk (도미니카 공화국)

Dominiko
     dominika (도미니카)

Ebur-Bordo
     koteudibuareu (코트디부아르)

Egiptio
     ijipteu (이집트)

Ekvadoro
     ekwadoreu (에콰도르)

Eritreo
     eriteurea (에리트레아)

Estonio
     eseutonia (에스토니아)

Etiopio
     etiopia (에티오피아)

Feroio
     pero jedo (페로제도)

Fiĝio
     piji (피지)

Filipinoj
     pillipin (필리핀)

Finnlando
     pinlandeu (핀란드)

Francio
     peurangseu (프랑스)

Gabono
     gabong (가봉)

Gambio
     gambia (감비아)

Ganao
  gana (가나)
Germanio
  dogil (독일)
Grekio
  geuriseu (그리스)
Grenado
  geurenada (그레나다)
Gronlando
  geurin landeu (그린란드)
Gujano
  gaiana (가이아나)
Gvatemalo
  gwatemalla (과테말라)
Gvineo
  gini (기니)
Gvineo-Bisaŭo
  gini bisau (기니비사우)
Gvineo Ekvatora
  gini ekwadoreu (기니에콰도르)
Ĝibutio
  jibuti (지부티)
Haitio
  aiti (아이티)
Hispanio
  seupein (스페인)
Honduro
  onduraseu (온두라스)
Hungario
  heong-gari (헝가리)
Indonezio
  indonesia (인도네시아)

Irako
      irakeu (이라크)

Irano
      iran (이란)

Irlando
      aillandeu (아일란드)

Islando
      aiseullandeu (아이슬란드)

Israelo
      iseura-el (이스라엘)

Italio
      itallia (이탈리아)

Jamajko
      jamaika (자마이카)

Japanio
      ilbon (일본)

Jemeno
      yemen (예멘)

Jordanio
      yoreudan (요르단)

Kaboverdo
      kabobereude (카보베르데)

Kambôĝo
      kambodia (캄보디아)

Kameruno
      kamerun (카메룬)

Kanado
      kaenada (캐나다)

Kartvelio
      jojia (조지아)

Kataro
      katareu (카타르)

Kazaĥio
>   **kajaheuseutan** (카자흐스탄)

Kenjo
>   **kenya** (케냐)

Kipro
>   **kipeuroseu** (키프로스)

Kirgizio
>   **kireugiseuseutan** (키르기스스탄)

Kiribato
>   **kiribasi** (키리바시)

Kolombio
>   **kollombia** (콜롬비아)

Komoroj
>   **komoro** (코모로)

Kongo DR
>   **kong-go minju gonghwaguk** (콩고 민주공화국)

Kongo Respubliko
>   **kong-go gonghwaguk** (콩고 공화국)

Korea Popoldemokratia Respubliko (Nord-Koreio)
>   **joseonminjuju-i inmin gonghwaguk** (조선민주주의인민공화국)
>   **bukan** (북한) (mallonga, pli ofte uzata)

Korea Respubliko (Koreio, Sud-Koreio)
>   **daehanmin-guk** (대한민국)
>   **han-guk** (한국) (mallonga, pli ofte uzata)

Kostariko
>   **koseutariko** (코스타리코)

Kroatio
>   **keuroatia** (크로아티아)

Kubo
>   **kuba** (쿠바)

Kuvajto
>   **kuweiteu** (쿠웨이트)

Laoso
>   **laoseu** (라오스)
Latvio
>   **lateubia** (라트비아)
Lesoto
>   **lesoto** (레소토)
Libano
>   **lebanon** (레바논)
Liberio
>   **laiberia** (라이베리아)
Libio
>   **libia** (리비아)
Liĥtenŝtejno
>   **lihitensyutain** (리히텐슈타인)
Litovio
>   **lituania** (리투아니아)
Luksemburgo
>   **luksembureukeu** (룩셈부르크)
Madagaskaro
>   **madagaseukareu** (마다가스카르)
Makedonio
>   **makedonia** (마케도니아)
Malajzio
>   **malleisia** (말레이시아)
Malavio
>   **mallawi** (말라위)
Maldivoj
>   **moldibeu** (몰디브)
Malio
>   **malli** (말리)
Malto
>   **molta** (몰타)

Maroko
>   **moroko** (모로코)

Marŝaloj
>   **masyeol jedo** (마셜 제도)

Maŭricio
>   **morisyeoseu** (모리셔스)

Maŭritanio
>   **moritani** (모리타니)

Meksiko
>   **meksiko** (멕시코)

Mikronezio
>   **mikeuronesia yeonbang** (미크로네시아 연방)

Moldavio
>   **moldoba** (몰도바)

Monako
>   **monako** (모나코)

Mongolio
>   **mong-gol** (몽골)

Montenegro
>   **montenegeuro** (몬테네그로)

Montserato
>   **monteuserateu** (몬트세라트)

Mozambiko
>   **mojambikeu** (모잠비크)

Namibio
>   **namibia** (나미비아)

Nauro
>   **nauru** (나우루)

Nederlando
>   **nedeollandeu** (네덜란드)

Nepalo
>   **nepal** (네팔)

Niĝerio
naijiria (나이지리아)

Niĝero
nijereu (니제르)

Nikaragvo
nikaragwa (니카라과)

Norvegio
noreuwei (노르웨이)

Nov-Kaledonio
nyukalledonia (뉴칼레도니아)

Nov-Zelando
nyujillaendeu (뉴질랜드)

Omano
oman (오만)

Orienta Timoro
dong-timoreu (동티모르)

Pakistano
pakiseutan (파키스탄)

Palaŭ
pallau (팔라우)

Palestino
palleseutain (팔레스타인)

Panamo
panama (파나마)

Papuo-Nov-Gvineo
papua nyugini (파푸아뉴기니)

Paragvajo
paragwai (파라과이)

Peruo
peru (페루)

Pollando
pollandeu (폴란드)

Port-Riko
        poreuteuriko (포르트리코)
Portugalio
        poreutugal (포르투갈)
Reunio
        rewiniong (레위니옹)
Ruando
        reu-wanda (르완다)
Rumanio
        rumania (루마니아)
Rusio
        reosia (러시아)
Salomonoj
        sollomon jedo (솔로몬 제도)
Salvadoro
        elsalbadoreu (엘살바도르)
Samoo
        samoa (사모아)
Sakta Kristoforo kaj Neviso
        seinteukicheu nebiseu (세인트키츠 네비스)
Sankta Lucio
        seinteurusia (세인트루시아)
Sankta Vincento kaj Grenadinoj
        seinteu binsenteu geurenadin (세인트빈센트 그레나딘)
Sanmarino
        sanmarino (산마리노)
Santomeo kaj Principeo
        sangtume peurinsipe (상투메 프린시페)
Sauda Arabio
        saudi arabia (사우디아라비아)
Sejŝeloj
        seisyel (세이셸)

Senegalo
> **senegal** (세네갈)

Serbio
> **sereubia** (세르비아)

Sieraleono
> **sierarion** (시에라리온)

Singapuro
> **sing-gaporeu** (싱가포르)

Sirio
> **siria** (시리아)

Slovakio
> **seullobakia** (슬로바키아)

Slovenio
> **seullobenia** (슬로베니아)

Somalio
> **somallia** (소말리아)

Srilanko
> **seurirangka** (스리랑카)

Sud-Afriko
> **namapeurika gonghwaguk** (남아프리카공화국)
> **namagong** (남아공) (mallonga, pli ofte uzata)

Sudano
> **sudan** (수단)

Sud-Sudano
> **nam sudan** (남수단)

Surinamo
> **surinam** (수리남)

Svazilando
> **seuwajillandeu** (스와질란드)

Svedio
> **seuweden** (스웨덴)

Svislando
> **seuwiseu** (스위스)

Taĝikio
> **tajikiseutan** (타지키스탄)

Tajlando
> **taeguk** (태국)

Tanzanio
> **tanjania** (탄자니아)

Togolando
> **togo** (토고)

Tongo
> **tong-ga** (통가)

Trinidado kaj Tobago
> **teurinidadeu tobago** (트리니다드 토바고)

Tunizio
> **twiniji** (튀니지)

Turkio
> **twirkiye** (튀르키예)

Turkmenio
> **tureukeumeniseutan** (투르크메니스탄)

Tuvalo
> **tuballo** (투발로)

Ugando
> **uganda** (우간다)

Ukrainio
> **ukeuraina** (우크라이나)

Unuiĝintaj Arabaj Emirlandoj
> **arabemiriteu** (아랍에미리트)

Urugvajo
> **urugwai** (우루과이)

Usono
> **miguk** (미국)

Uzbekio
> **ujeubekiseutan** (우즈베키스탄)

Vanuatuo
banuatu (바누아투)
Vatikano
batikan (바티칸)
Venezuelo
benesuella (베네수엘라)
Vjetnamio
beteunam (베트남)
Zambio
jambia (잠비아)
Zimbabvo
jimbabeuwe (짐바브웨)

(5) Nombroj

sistemo uzanta ĉinajn ideogramojn / korea tradicia sistemo

1	**il** (일) / **hana** (하나)
2	**i** (이) / **dul** (둘)
3	**sam** (삼) / **set** (셋)
4	**sa** (사) / **net** (넷)
5	**o** (오) / **daseot** (다섯)
6	**yuk** (육) / **yeoseot** (여섯)
7	**chil** (칠) / **ilgop** (일곱)
8	**pal** (팔) / **yeodeol** (여덟)
9	**gu** (구) / **ahop** (아홉)
10	**sip** (십) / **yeol** (열)
11	**sip il** (십일) / **yeol hana** (열하나)
12	**sip i** (십이) / **yeol dul** (열둘)
......	
20	**i sip** (이십) / **seumul** (스물)
30	**sam sip** (삼십) / **seoreun** (서른)
40	**sa sip** (사십) / **maheun** (마흔)
50	**o sip** (오십) / **swin** (쉰)

60	yuk sip (육십) / yesun (예순)
70	chil sip (칠십) / ilheun (일흔)
80	pal sip (팔십) / yeodeun (여든)
90	gu sip (구십) / aheun (아흔)
99	gu sip gu (구십구) / aheun ahop (아흔 아홉)
100	baek (백) / baek (백)
101	baek il (백일) / baek hana (백 하나)
......	
110	baek sip (백십) / baek yeol(백 열)
111	baek sip il (백십일) /
	baek yeol hana (백 열 하나)
......	
200	i baek (이백) / i baek (이백)
300	sam baek (삼백) / sam baek (삼백)
400	sa baek (사백) / sa baek (사백)
500	o baek (오백) / o baek (오백)
600	yuk baek (육백) / yuk baek (육백)
700	chil baek (칠백) / chil baek (칠백)
800	pal baek (팔백) / pal baek (팔백)
900	gu baek (구백) / gu baek (구백)
999	gu baek gu sip gu (구백구십구) /
	gu baek aheun ahop (구백 아흔 아홉)
1,000	cheon (천) / cheon (천)
2,000	i cheon (이천) / i cheon (이천)
10,000	man (만) / man (만)
100,000	sip man (십만) / sip man (십만)
1,000,000	baek man (백만) / baek man (백만)
10,000,000	cheon man (천만) / cheon man (천만)
100,000,000	eok (억) / eok (억)
1,000,000,000	sip eok (십억) / sip eok (십억)

21. Utilaj verboj kaj adjektivoj

Jen estas ofte uzataj utilaj verboj kaj adjektivoj en la formo de prezenco, de meza honoreco kaj de priskriba kaj demanda modoj, por ĉiuj personoj; tio estas '-ayo'(-아요) formo (post la vokaloj 'a, o'(ㅏ, ㅗ)) kaj '-eoyo'(-어요) formo (post la vokaloj krom 'a, o'). En korea lingvo tiuj 2 konjugaciaj formoj estas uzataj ankaŭ kiel volitivaj formoj de 2-a persono kaj de plurala 1-a persono. Kaj aldone al tio mi donas ankaŭ la pasintajn formojn sube.

Kaj mi donas la adjektivojn de Esperanto en verba formo por konformigi ilin al koreaj adjektivoj, kiuj rekte uziĝas kiel predikato. Tial la kapvorto "bonas" estas sama kiel "estas bona".

abonas	**gudok-aeyo** (구독해요)
abonis	**gudok-aesseoyo** (구독했어요)
abundas	**manayo** (많아요)
abundis	**manasseoyo** (많았어요)
acidas	**sieoyo** (시어요)
acidis	**sieosseoyo** (시었어요)
aĉetas	**sayo** (사요)
aĉetis	**sasseoyo** (샀어요)
admiras	**gamtan-haeyo** (감탄해요)
admiris	**gamtan-haesseoyo** (감탄했어요)
admonas	**chunggo-haeyo** (충고해요)
admonis	**chunggo-haesseoyo** (충고했어요)
afablas	**chinjeol-haeyo** (친절해요)
afablis	**chinjeol-haesseoyo** (친절했어요)
agas	**haengdong-haeyo** (행동해요)
agis	**haengdong-haesseoyo** (행동했어요)
agitas	**seondong-haeyo** (선동해요)

agitis	**seondong-haesseoyo** (선동했어요)
agnoskas	**injeong-haeyo** (인정해요)
agnoskis	**injeong-haesseoyo** (인정했어요)
agrablas	**yukwae-haeyo** (유쾌해요)
(malagrablas)	**bulkwae-haeyo** (불쾌해요)
agrablis	**yukwae-haesseoyo** (유쾌했어요)
(malagrablis)	**bulkwae-haesseoyo** (불쾌했어요)
akceptas	**badadeuryeoyo** (받아들여요)
akceptis	**badadeuryeosseoyo** (받아들였어요)
akompanas	**donghaeng-haeyo** (동행해요)
akompanis	**donghaeng-haesseoyo** (동행했어요)
akiras	**eodeoyo** (얻어요)
akiris	**eodeosseoyo** (얻었어요)
akras	**nalkarowoyo** (날카로워요)
	maewoyo (매워요) (pri gusto)
akris	**nalkarowosseoyo** (날카로웠어요)
	maewosseoyo (매웠어요) (pri gusto)
aliĝas	**gaip-aeyo** (가입해요)
aliĝis	**gaip-aesseoyo** (가입했어요)
altas	**nopayo** (높아요)
(malaltas)	**najayo** (낮아요)
altis	**nopasseoyo** (높았어요)
(malaltis)	**najasseoyo** (낮았어요)
altiras	**kkeureo danggyeoyo** (끌어 당겨요)
altiris	**kkeureo danggyeosseoyo** (끌어 당겼어요)
aludas	**amsi-haeyo** (암시해요)
aludis	**amsi-haesseoyo** (암시했어요)
alvenas	**dochak-aeyo** (도착해요)
alvenis	**dochak-aesseoyo** (도착했어요)
amas	**sarang-haeyo** (사랑해요)
(malamas)	**miwo-haeyo** (미워해요)
amis	**sarang-haesseoyo** (사랑했어요)
(malamis)	**miwo-haesseoyo** (미워했어요)

amaras	**sseoyo** (써요)
amaris	**sseosseoyo** (썼어요)
ambiguas	**aemaemoho-haeyo** (애매모호해요)
ambiguis	**aemaemoho-haesseoyo** (애매모호했어요)
amindas	**gwiyeowoyo** (귀여워요)
amindis	**gwiyeowosseoyo** (귀여웠어요)
antaŭvidas	**yegyeon-haeyo** (예견해요)
antaŭvidis	**yegyeon-haesseoyo** (예견했어요)
aperas	**natanayo** (나타나요)
aperis	**natanasseoyo** (나타났어요)
argumentas	**nonjeung-haeyo** (논증해요)
argumentis	**nonjeung-haesseoyo** (논증했어요)
asertas	**hwageon-haeyo** (확언해요)
asertis	**hwageon-haesseoyo** (확언했어요)
atakas	**gong-gyeok-aeyo** (공격해요)
atakis	**gong-gyeok-aesseoyo** (공격했어요)
atendas	**gidaryeoyo** (기다려요)
atendis	**gidaryeosseoyo** (기다렸어요)
atingas	**dodal-haeyo** (도달해요)
atingis	**dodal-haesseoyo** (도달했어요)
aŭdas (aŭskultas)	**deureoyo** (들어요)
aŭdis (aŭskultis)	**deureosseoyo** (들었어요)
avertas	**gyeong-go-haeyo** (경고해요)
avertis	**gyeong-go-haesseoyo** (경고했어요)
baras	**magayo** (막아요)
baris	**magasseoyo** (막았어요)
batas	**ttaeryeoyo** (때려요)
batis	**ttaeryeosseoyo** (때렸어요)
batalas	**ssawoyo** (싸워요)
batalis	**ssawosseoyo** (싸웠어요)
belas	**yeppeoyo** (예뻐요)
(malbelas)	**monnasseoyo** (못났어요)

belis	yeppeosseoyo (예뻤어요)
(malbelas)	monnasseosseoyo (못났었어요)
benas	chukppok-aeyo (축복해요)
benis	chukppok-aesseoyo (축복했어요)
bezonas	piryoro-haeyo (필요로 해요)
bezonis	piryoro-haesseoyo (필요로 했어요)
blankas	hayaeyo (하애요)
blankis	hayaesseoyo (하앴어요)
blasfemas	yok-aeyo (욕해요)
blasfemis	yok-aesseoyo (욕했어요)
bluas	paraeyo (파래요)
bluis	paraesseoyo (파랬어요)
bolas	kkeureoyo (끓어요)
bolis	kkeureosseoyo (끓었어요)
boligas	kkeuryeoyo (끓여요)
boligis	kkeuryeosseoyo (끓였어요)
bonas	joayo (좋아요)
(malbonas)	nappayo (나빠요)
bonis	joasseoyo (좋았어요)
(malbonis)	nappasseoyo (나빴어요)
bongustas	masisseoyo (aŭ madisseoyo) (맛있어요)
(malbongustas)	madeopseoyo (맛없어요)
bongustis	masisseosseoyo (madisseosseoyo) (맛있었어요)
(malbongustis)	madeopseosseoyo (맛없었어요)
brilas	binnayo (빛나요)
brilis	binnasseoyo (빛났어요)
brosas	soljjil-haeyo (솔질해요)
brosis	soljjil-haesseoyo (솔질했어요)
bruas	sikkeureowoyo (시끄러워요)
bruis	sikkeureowosseoyo (시끄러웠어요)
cedas	yangbo-haeyo (양보해요)
cedis	yangbo-haesseoyo (양보했어요)
cenzuras	geomyeol-haeyo (검열해요)

cenzuris	**geomyeol-haesseoyo** (검열했어요)
certas	**hwaksil-haeyo** (확실해요)
certis	**hwaksil-haesseoyo** (확실했어요)
cirkulas	**sunhwan-haeyo** (순환해요)
cirkulis	**sunhwan-haesseoyo** (순환했어요)
citas	**inyong-haeyo** (인용해요)
citis	**inyong-haesseoyo** (인용했어요)
ĉagrenas	**goeropyeoyo** (괴롭혀요)
ĉagrenis	**goeropyeosseoyo** (괴롭혔어요)
ĉarmas	**maeryeog-isseoyo** (매력있어요)
ĉarmis	**maeryeog-isseosseoyo** (매력있었어요)
ĉasas	**sanyang-haeyo** (사냥해요)
ĉasis	**sanyang-haesseoyo** (사냥했어요)
ĉastas	**jeongsuk-aeyo** (정숙해요)
ĉastis	**jeongsuk-aesseoyo** (정숙했어요)
ĉesas	**jungdan-haeyo** (중단해요)
ĉesis	**jungdan-haesseoyo** (중단했어요)
dancas	**chumchwoyo** (춤춰요)
dancis	**chumchwosseoyo** (춤췄어요)
danĝeras	**wiheom-haeyo** (위험해요)
danĝeris	**wiheom-haesseoyo** (위험했어요)
dankas	**gamsa-haeyo** (감사해요)
dankis	**gamsa-haesseoyo** (감사했어요)
debutas	**debwi-haeyo** (데뷔해요)
debutis	**debwi-haesseoyo** (데뷔했어요)
decas	**jeokttang-haeyo** (적당해요)
decis	**jeokttang-haesseoyo** (적당했어요)
decidas	**gyeoljjeong-haeyo** (결정해요)
decidis	**gyeoljjeong-haesseoyo** (결정했어요)
dediĉas	**bongheon-haeyo** (봉헌해요)
dediĉis	**bongheon-haesseoyo** (봉헌했어요)
defias	**dojeon-haeyo** (도전해요)
defiis	**dojeon-haesseoyo** (도전했어요)

degelas	**nogayo (녹아요)**
degelis	**nogasseoyo (녹았어요)**
deklamas	**nangdok-aeyo (낭독해요)**
deklamis	**nangdok-aesseoyo (낭독했어요)**
deklaras	**seoneon-haeyo (선언해요)**
deklaris	**seoneon-haesseoyo (선언했어요)**
dekoktas	**uryeonaeyo (우려내요)**
dekoktis	**uryeonaesseoyo (우려냈어요)**
delegas	**pagyeon-haeyo (파견해요)**
delegis	**pagyeon-haesseoyo (파견했어요)**
delikatas	**seomse-haeyo (섬세해요)**
delikatis	**seomse-haesseoyo (섬세했어요)**
demandas	**mureoyo (물어요)**
demandis	**mureosseoyo (물었어요)**
demetas (veston)	**beoseoyo (벗어요)**
demetis (veston)	**beoseosseoyo (벗었어요)**
deponas	**mat-kkyeoyo (맡겨요)**
deponis	**mat-kkyeosseoyo (맡겼어요)**
detruas	**pagoe-haeyo (파괴해요)**
detruis	**pagoe-haesseoyo (파괴했어요)**
devias	**beoseonayo (벗어나요)**
deviis	**beoseonasseoyo (벗어났어요)**
deziras	**wonhaeyo (원해요)**
deziris	**wonhaesseoyo (원했어요)**
dikas	**ttungttung-haeyo (뚱뚱해요; homa korpo)**
	gulgeoyo (굵어요; objekto)
(maldikas)	**ppaeppae-haeyo (삐삐해요; homa korpo)**
	ganeureoyo (가늘어요; objekto)
dikis	**ttungttung-haesseoyo (뚱뚱했어요; homa korpo)**
	gulgeosseoyo (굵었어요; objekto)
(maldikis)	**ppaeppae-haesseoyo (삐삐했어요; homa korpo)**
	ganeureosseoyo (가늘었어요; objekto)

diligentas	**bujireon-haeyo** (부지런해요)
(maldiligentas)	**ge-eulleoyo** (게을러요)
diligentis	**bujireon-haesseoyo** (부지런했어요)
(maldiligentis)	**ge-eulleosseoyo** (게을렀어요)
diras	**mal-haeyo** (말해요)
diris	**mal-haesseoyo** (말했어요)
diservas	**yebae-haeyo** (예배해요)
diservis	**yebae-haesseoyo** (예배했어요)
diskutas	**uinon-haeyo** (의논해요)
diskutis	**uinon-haesseoyo** (의논했어요)
dolĉas	**dalkom-haeyo** (달콤해요)
dolĉis	**dalkom-haesseoyo** (달콤했어요)
doloras	**apayo** (아파요)
doloris	**apasseoyo** (아팠어요)
donas	**jwoyo** (줘요)
donis	**jwosseoyo** (줬어요)
dormas	**jayo** (자요)
dormis	**jasseoyo** (잤어요)
dormemas	**jami wayo** (잠이 와요)
dormemis	**jami wasseoyo** (잠이 왔어요)
drinkas	**(sureul) masyeoyo** ((술을) 마셔요)
drinkis	**(sureul) masyeosseoyo** ((술을) 마셨어요)
dubas	**uisim-haeyo** (의심해요)
dubis	**uisim-haesseoyo** (의심했어요)
ebenas	**pyeongpyeong-haeyo** (평평해요)
ebenis	**pyeongpyeong-haesseoyo** (평평했어요)
eblas	**ganeung-haeyo** (가능해요)
eblis	**ganeung-haesseoyo** (가능했어요)
egalas	**gatayo** (같아요)
egalis	**gatasseoyo** (같았어요)
ekiras	**chulbal-haeyo** (출발해요)
ekiris	**chulbal-haesseoyo** (출발했어요)
eksportas	**suchul-haeyo** (수출해요)

eksportis	**suchul-haesseoyo** (수출했어요)
ekstaras	**ireonayo** (일어나요)
ekstaris	**ireonasseoyo** (일어났어요)
ekzistas	**isseoyo** (있어요)
(ne ekzistas)	**eopseoyo** (없어요)
ekzistis	**isseosseoyo** (있었어요)
(ne ekzistis)	**eopseosseoyo** (없었어요)
eniras	**deureogayo** (들어가요)
eniris	**deureogasseoyo** (들어갔어요)
eraras	**jalmot-aeyo** (잘못해요)
eraris	**jalmot-aesseoyo** (잘못했어요)
esperas	**himang-haeyo** (희망해요)
(malesperas)	**silmang-heayo** (실망해요)
esperis	**himang-haesseoyo** (희망했어요)
(malesperis)	**silmang-heasseoyo** (실망했어요)
esprimas	**pyohyeon-haeyo** (표현해요)
esprimis	**pyohyeon-haesseoyo** (표현했어요)
estas (kopulo)	**i-eyo** (이에요)
estas (ekzisto)	**isseoyo** (있어요)
estis (kopulo)	**i-eosseoyo** (이었어요)
estis (ekzisto)	**isseosseoyo** (있었어요)
estimas	**jon-gyeong-haeyo** (존경해요)
estimis	**jon-gyeong-haesseoyo** (존경했어요)
eternas	**yeong-won-haeyo** (영원해요)
eternis	**yeong-won-haesseoyo** (영원했어요)
facilas	**swiwoyo** (쉬워요)
(malfacilas)	**eoryeowoyo** (어려워요)
facilis	**swiwosseoyo** (쉬웠어요)
(malfacilis)	**eoryeowosseoyo** (어려웠어요)
falas	**tteoreojyeoyo** (떨어져요)
falis	**tteoreojyeosseoyo** (떨어졌어요)
famas	**yumyeong-haeyo** (유명해요)
famis	**yumyeong-haesseoyo** (유명했어요)

feliĉas	haengbok-aeyo (행복해요)
(malfeliĉas)	bulhaeng-haeyo (불행해요)
feliĉis	haengbok-aesseoyo (행복했어요)
(malfeliĉis)	bulhaeng-haesseoyo (불행했어요)
fermas	dadayo (닫아요)
(malfermas)	yeoreoyo (열어요)
fermis	dadasseoyo (닫았어요)
(malfermis)	yeoreosseoyo (열었어요)
fiaskas	mang-haeyo (망해요)
fiaskis	mang-haesseoyo (망했어요)
fieras	jarang-haeyo (자랑해요)
fieris	jarang-haesseoyo (자랑했어요)
finas	kkeunnaeyo (끝내요)
finis	kkeunnaesseoyo (끝냈어요)
flavas	noraeyo (노래요)
flavis	noraesseoyo (노랬어요)
floras	kkochi pieoyo (꽃이 피어요)
floris	kkochi pieosseoyo (꽃이 피었어요)
flugas	narayo (날아요)
flugis	narasseoyo (날았어요)
foras (malproksimas)	meoreoyo (멀어요)
foris (malproksimis)	meoreosseoyo (멀었어요)
forgesas	ijeoyo (잊어요)
forgesis	ijeosseoyo (잊었어요)
foriras	tteonayo (떠나요)
foriris	tteonasseoyo (떠났어요)
forkuras	domang gayo (도망가요)
forkuris	domang gasseoyo (도망갔어요)
forpelas	naejjochayo (내쫓아요)
forpelis	naejjochasseoyo (내쫓았어요)
forprenas	ppae-asayo (빼앗아요)
forprenis	ppae-asasseoyo (빼앗았어요)

fortas	**gang-haeyo** (강해요)
(malfortas)	**yak-aeyo** (약해요)
fortis	**gang-haesseoyo** (강했어요)
(malfortis)	**yak-aesseoyo** (약했어요)
frenezas	**michyeosseoyo** (미쳤어요)
frenezis	**michyeosseosseoyo** (미쳤었어요)
freŝas	**sinseon-haeyo** (신선해요)
freŝis	**sinseon-haesseoyo** (신선했어요)
fritas	**twigyeoyo** (튀겨요)
fritis	**twigyeosseoyo** (튀겼어요)
fruas	**illeoyo** (일러요)
(malfruas)	**neujeoyo** (늦어요)
fruis	**illeosseoyo** (일렀어요)
(malfruis)	**neujeosseoyo** (늦었어요)
fumas (cigaredon)	**dambae piwoyo** (담배 피워요)
fumis (cigaredon)	**dambae piwosseoyo** (담배 피웠어요)
fuŝas	**mang-chyeoyo** (망쳐요)
fuŝis	**mang-chyeosseoyo** (망쳤어요)
gajas	**jeulgeowoyo** (즐거워요)
gajis	**jeulgeowosseoyo** (즐거웠어요)
garantias	**bojeung-haeyo** (보증해요)
garantiis	**bojeung-haesseoyo** (보증했어요)
grandas	**keoyo** (커요)
(malgrandas)	**jagayo** (작아요)
grandis	**keosseoyo** (컸어요)
(malgrandis)	**jagasseoyo** (작았어요)
gratulas	**chuka-haeyo** (축하해요)
gratulis	**chuka-haesseoyo** (축하했어요)
gravas	**jung-yo-haeyo** (중요해요)
gravis	**jung-yo-haesseoyo** (중요했어요)
grumblas	**bulpyeong-haeyo** (불평해요)
grumblis	**bulpyeong-haesseoyo** (불평했어요)
gustumas	**mat-ppwayo** (맛봐요)

gustmuis	**mat-ppwasseoyo (맛봤어요)**
ĝenas	**gwichanke-haeyo (귀찮게 해요)**
ĝenis	**gwichanke-haesseoyo (귀찮게 했어요)**
ĝentilas	**jeomjanayo (점잖아요)**
ĝentilis	**jeomjanasseoyo (점잖았어요)**
ĝojas	**gippeoyo (기뻐요)**
(malĝojas)	**seulpeoyo (슬퍼요)**
ĝojis	**gippeosseoyo (기뻤어요)**
(malĝojis)	**seulpeosseoyo (슬펐어요)**
ĝuas	**jeulgyeoyo (즐겨요)**
ĝuis	**jeulgyeosseoyo (즐겼어요)**
ĝustas	**majayo (맞아요)**
ĝustis	**majasseoyo (맞았어요)**
haltas	**meomchwoyo (멈춰요)**
haltis	**meomchwosseoyo (멈췄어요)**
havas	**isseoyo (있어요)**
	gajigo isseoyo (가지고 있어요)
(ne havas)	**eopseoyo (없어요)**
havis	**isseosseoyo (있었어요)**
	gajigo isseosseoyo (가지고 있었어요)
(ne havis)	**eopseosseoyo (없었어요)**
helpas	**dowayo (도와요)**
helpis	**dowasseoyo (도왔어요)**
honestas	**jeongjik-aeyo (정직해요)**
honestis	**jeongjik-aesseoyo (정직했어요)**
hontas	**bukkeureowoyo (부끄러워요)**
hontis	**bukkeureowosseoyo (부끄러웠어요)**
ignoras	**musi-haeyo (무시해요)**
ignoris	**musi-haesseoyo (무시했어요)**
importas	**suip-aeyo (수입해요)**
importis	**suip-aesseoyo (수입했어요)**
instruas	**gareuchyeoyo (가르쳐요)**
instruis	**gareuchyeosseoyo (가르쳤어요)**

insultas	moyok-aeyo (모욕해요)
insultis	moyok-aesseoyo (모욕했어요)
interesas	gwansimeul kkeureoyo (관심을 끌어요)
interesis	gwansimeul kkeureosseoyo (관심을 끌었어요)
interparolas	daehwa-haeyo (대화해요)
interparolis	daehwa-haesseoyo (대화했어요)
interŝanĝas	gyohwan-haeyo (교환해요)
interŝanĝis	gyohwan-haesseoyo (교환했어요)
invitas	chodae-haeyo (초대해요)
invitis	chodae-haesseoyo (초대했어요)
iras	gayo (가요)
iris	gasseoyo (갔어요)
jukas	ganjireowoyo (간지러워요)
jukis	ganjireowosseoyo (간지러웠어요)
junas	jeolmeoyo (젊어요)
(maljunas)	neulgeosseoyo (늙었어요)
junis	jeolmeosseoyo (젊었어요)
(maljunis)	neulgeosseosseoyo (늙었었어요)
ĵaluzas	jiltu-haeyo (질투해요)
ĵaluzis	jiltu-haesseoyo (질투했어요)
ĵetas	deonjyeoyo (던져요)
ĵetis	deonjyeosseoyo (던졌어요)
kalkulas	gyesan-haeyo (계산해요)
kalkulis	gyesan-haesseoyo (계산했어요)
kantas	norae-haeyo (노래해요)
kantis	norae-haesseoyo (노래했어요)
kisas	kiseu-haeyo (키스해요)
kisis	kiseu-haesseoyo (키스했어요)
klarigas	seolmyeong-haeyo (설명해요)
klarigis	seolmyeong-haesseoyo (설명했어요)
klopodas	noryeok-aeyo (노력해요)
klopodis	noryeok-aesseoyo (노력했어요)
koleras	hwanayo (화나요)

koleris	**hwanasseoyo (화났어요)**
komencas	**sijak-aeyo (시작해요)**
komencis	**sijak-aesseoyo (시작했어요)**
kompletas	**wanjeon-haeyo (완전해요)**
kompletis	**wanjeon-haesseoyo (완전했어요)**
komplikas	**bokjjap-aeyo (복잡해요)**
komplikis	**bokjjap-aesseoyo (복잡했어요)**
komplimentas	**chingchan-haeyo (칭찬해요)**
komplimentis	**chingchan-haesseoyo (칭찬했어요)**
komprenas	**ihae-haeyo (이해해요)**
(miskomprenas)	**ohae-haeyo (오해해요)**
komprenis	**ihae-haesseoyo (이해했어요)**
(miskomprenis)	**ohae-haesseoyo (오해했어요)**
konas	**arayo (알아요)**
(ne konas)	**mollayo (몰라요)**
konis	**arasseoyo (알았어요)**
(ne konis)	**mollasseoyo (몰랐어요)**
konfirmas	**hwagin-haeyo (확인해요)**
konfirmis	**hwagin-haesseoyo (확인했어요)**
konkeras	**jeongbok-aeyo (정복해요)**
konkeris	**jeongbok-aesseoyo (정복했어요)**
konkuras	**gyeongjaeng-haeyo (경쟁해요)**
konkuris	**gyeongjaeng-haesseoyo (경쟁했어요)**
kontaktas	**jeopchok-aeyo (접촉해요)**
kontaktis	**jeopchok-aesseoyo (접촉했어요)**
kontentas	**manjok-aeyo (만족해요)**
(malkontentas)	**bulman-ieyo (불만이에요)**
kontentis	**manjok-aesseoyo (만족했어요)**
(malkontentis)	**bulman-ieosseoyo (불만이었어요)**
kovras	**deopeoyo (덮어요)**
(malkovras)	**yeoreoyo (열어요)**
kovris	**deopeosseoyo (덮었어요)**
(malkovris)	**yeoreosseoyo (열었어요)**

kraĉas	**chimbaetayo** (침 뱉아요)
kraĉis	**chimbaetasseoyo** (침 뱉았어요)
kredas	**mideoyo** (믿어요)
kredis	**mideosseoyo** (믿었어요)
kreskas	**jarayo** (자라요)
kreskis	**jarasseoyo** (자랐어요)
krias	**oechyeoyo** (외쳐요)
kriis	**oechyeosseoyo** (외쳤어요)
kuiras	**yori-haeyo** (요리해요)
kuiris	**yori-haesseoyo** (요리했어요)
kultivas	**jaebae-haeyo** (재배해요)
kultivis	**jaebae-haesseoyo** (재배했어요)
kulturas	**yang-yuk-aeyo** (양육해요)
kulturis	**yang-yuk-aesseoyo** (양육했어요)
kunportas	**gajigo isseoyo** (가지고 있어요)
kunportis	**gajigo isseosseoyo** (가지고 있었어요)
kunsidas	**moyeoyo** (모여요)
kunsidis	**moyeosseoyo** (모였어요)
kuras	**dallyeoyo** (달려요)
kuris	**dallyeosseoyo** (달렸어요)
kuraĝas	**yonggam-haeyo** (용감해요)
(malkuraĝas)	**bigeop-aeyo** (비겁해요)
kuraĝis	**yonggam-haesseoyo** (용감했어요)
(malkuraĝis)	**bigeop-aesseoyo** (비겁했어요)
kuŝas	**nuwo isseoyo** (누워 있어요)
kuŝis	**nuwo isseosseoyo** (누워 있었어요)
kuŝiĝas	**nuwoyo** (누워요)
kuŝiĝis	**nuwosseoyo** (누웠어요)
kverelas	**maldatum-haeyo** (말다툼해요)
kverelis	**maldatum-haesseoyo** (말다툼했어요)
kvietas	**joyong-haeyo** (조용해요)
kvietis	**joyong-haesseoyo** (조용했어요)
laboras	**il-haeyo** (일해요)

laboris	**il-haesseoyo** (일했어요)
lacas	**pigon-haeyo** (피곤해요)
lacis	**pigon-haesseoyo** (피곤했어요)
laciĝas	**pigon-haejyeoyo** (피곤해져요)
laciĝis	**pigon-haejyeosseoyo** (피곤해졌어요)
larĝas	**neolbeoyo** (넓어요)
(mallarĝas)	**jobayo** (좁아요)
larĝis	**neolbeosseoyo** (넓었어요)
(mallarĝis)	**jobasseoyo** (좁았어요)
lavas	**ssiseoyo** (씻어요)
lavis	**ssiseosseoyo** (씻었어요)
legas	**ilgeoyo** (읽어요)
legis	**ilgeosseoyo** (읽었어요)
lekas	**haltayo** (핥아요)
lekis	**haltasseoyo** (핥았어요)
lernas	**baewoyo** (배워요)
lernis	**baewosseoyo** (배웠어요)
lertas	**neungsuk-aeyo** (능숙해요)
(mallertas)	**misuk-aeyo** (미숙해요)
lertis	**neungsuk-aesseoyo** (능숙했어요)
(mallertas)	**misuk-aesseoyo** (미숙했어요)
logas	**yuhok-aeyo** (유혹해요)
logis	**yuhok-aesseoyo** (유혹했어요)
loĝas	**sarayo** (살아요)
loĝis	**sarasseoyo** (살았어요)
ludas	**norayo** (놀아요)
ludis	**norasseoyo** (놀았어요)
lumas	**balgayo** (밝아요)
(mallumas)	**eoduwoyo** (어두워요)
lumis	**balgasseoyo** (밝았어요)
(mallumis)	**eoduwosseoyo** (어두웠어요)
manĝas	**meogeoyo** (먹어요)
manĝis	**meogeosseoyo** (먹었어요)

mankas	**mojarayo** (모자라요)
mankis	**mojarasseoyo** (모자랐어요)
memoras	**gieok-aeyo** (기억해요)
memoris	**gieok-aesseoyo** (기억했어요)
misfaras	**silsu-haeyo** (실수해요)
misfaris	**silsu-haesseoyo** (실수했어요)
monopoligas	**dojjeom-haeyo** (독점해요)
monopoligis	**dojjeom-haesseoyo** (독점했어요)
montras	**boyeojwoyo** (보여줘요)
montris	**boyeojwosseoyo** (보여줬어요)
montgrimpas	**deungsan-haeyo** (등산해요)
montgrimpis	**deungsan-haesseoyo** (등산했어요)
mortas	**jugeoyo** (죽어요)
mortis	**jugeosseoyo** (죽었어요)
mortigas	**jugyeoyo** (죽여요)
mortigis	**jugyeosseoyo** (죽였어요)
movas	**omgyeoyo** (옮겨요)
movis	**omgyeosseoyo** (옮겼어요)
movigas	**gadong-haeyo** (가동해요)
movigis	**gadong-haesseoyo** (가동했어요)
moviĝas	**umjigyeoyo** (움직여요)
moviĝis	**umjigyeosseoyo** (움직였어요)
multas	**manayo** (많아요)
(malmultas)	**jeogeoyo** (적어요)
multis	**manasseoyo** (많았어요)
(malmultis)	**jeogeosseoyo** (적었어요)
multekostas	**bissayo** (비싸요)
(malmultekostas)	**ssayo** (싸요)
multekostis	**bissasseoyo** (비쌌어요)
(malmultekostis)	**ssasseoyo** (쌌어요)
murdas	**salhae-haeyo** (살해해요)
murdis	**salhae-haesseoyo** (살해했어요)
murmuras	**jung-eolgeoryeoyo** (중얼거려요)

murmuris	**jung-eolgeoryeosseoyo** (중얼거렸어요)
naivas	**sunjin-haeyo** (순진해요)
naivis	**sunjin-haesseoyo** (순진했어요)
necesas	**piryo-haeyo** (필요해요)
necesis	**piryo-haesseoyo** (필요했어요)
neglektas	**deunghansi-haeyo** (등한시해요)
neglektis	**deunghansi-haesseoyo** (등한시했어요)
neĝas	**nuni wayo** (눈이 와요)
neĝis	**nuni wasseoyo** (눈이 왔어요)
nigras	**kkamaeyo** (까매요)
nigris	**kkamaesseoyo** (까맸어요)
oscedas	**hapum-haeyo** (하품해요)
oscedis	**hapum-haesseoyo** (하품했어요)
obskuras	**himihaeyo** (희미해요)
obskuris	**himihaesseoyo** (희미했어요)
okulridas	**nunuseumchyeoyo** (눈웃음쳐요)
okulridis	**nunuseumchyeosseoyo** (눈웃음쳤어요)
okulumas	**jjaeryeobwayo** (째려봐요)
okulumis	**jjaeryeobwasseoyo** (째려봤어요)
pagas	**jibul-haeyo** (지불해요)
pagis	**jibul-haesseoyo** (지불했어요)
palpebrumas	**nunjjit-aeyo** (눈짓해요)
palpebrumis	**nunjjit-aesseoyo** (눈짓했어요)
pardonas	**yongseo-haeyo** (용서해요)
pardonis	**yongseo-haesseoyo** (용서했어요)
parolas	**mal-haeyo** (말해요)
parolis	**mal-haesseoyo** (말했어요)
penas	**gosaeng-haeyo** (고생해요)
penis	**gosaeng-haesseoyo** (고생했어요)
pensas	**saeng-gak-aeyo** (생각해요)
pensis	**saeng-gak-aesseoyo** (생각했어요)
pentas	**huhoe-haeyo** (후회해요)
pentis	**huhoe-haesseoyo** (후회했어요)

perdas	**ireo beoryeoyo** (잃어 버려요)
perdis	**ireo beoryeosseoyo** (잃어 버렸어요)
perfektas	**wanbyeok-aeyo** (완벽해요)
perfektis	**wanbyeok-aesseoyo** (완벽했어요)
permesas	**heorak-aeyo** (허락해요)
permesis	**heorak-aesseoyo** (허락했어요)
persvadas	**seoltteuk-aeyo** (설득해요)
persvadis	**seoltteuk-aesseoyo** (설득했어요)
petas	**butak-aeyo** (부탁해요)
petis	**butak-aesseoyo** (부탁했어요)
pikas	**jjileoyo** (찔러요)
pikis	**jjileosseoyo** (찔렀어요)
planas	**g(y)ehoek-aeyo** (계획해요)
planis	**g(y)ehoek-aesseoyo** (계획했어요)
platas	**napjjakaeyo** (납작해요)
platis	**napjjakaesseoyo** (납작했어요)
ploras	**ureoyo** (울어요)
ploris	**ureosseoyo** (울었어요)
pluvas	**biga wayo** (비가 와요)
pluvis	**biga wasseoyo** (비가 왔어요)
postulas	**yogu-haeyo** (요구해요)
postulis	**yogu-haesseoyo** (요구했어요)
povas	**halsu isseoyo** (할 수 있어요)
(ne povas)	**halsu eopseoyo** (할 수 없어요)
povis	**halsu isseosseoyo** (할 수 있었어요)
(ne povis)	**halsu eopseosseoyo** (할 수 없었어요)
preĝas	**gido-haeyo** (기도해요)
preĝis	**gido-haesseoyo** (기도했어요)
premas	**nulleoyo** (눌러요)
premis	**nulleosseoyo** (눌렀어요)
prenas	**jabayo** (잡아요)
prenis	**jabasseoyo** (잡았어요)
preparas	**junbi-haeyo** (준비해요)

preparis	**junbi-haesseoyo (준비했어요)**
pretas	**junbi-dwaesseoyo (준비됐어요)**
pretis	**junbi-dwaesseosseoyo (준비됐었어요)**
prezentas	**sogae-haeyo (소개해요) (~ iun)**
	jechul-haeyo (제출해요) (~ ion)
prezentis	**sogae-haesseoyo (소개했어요) (~ iun)**
	jechul-haesseoyo (제출했어요) (~ ion)
profundas	**gipeoyo (깊어요)**
(malprofundas)	**yatayo (얕아요)**
profundis	**gipeosseoyo (깊었어요)**
(malprofundis)	**yatasseoyo (얕았어요)**
proksimas	**gakkawoyo (가까워요)**
(malproksimas)	**meoreoyo (멀어요)**
proksimis	**gakkawosseoyo (가까웠어요)**
(malproksimis)	**meoreosseoyo (멀었어요)**
promenas	**sanchaek-aeyo (산책해요)**
promenis	**sanchaek-aesseoyo (산책했어요)**
promesas	**yaksok-aeyo (약속해요)**
promesis	**yaksok-aesseoyo (약속했어요)**
proponas	**jean-haeyo (제안해요)**
proponis	**jean-haesseoyo (제안했어요)**
puras	**kkaekkeut-aeyo (깨끗해요)**
puris	**kkaekkeut-aesseoyo (깨끗했어요)**
puŝas	**mireoyo (밀어요)**
puŝis	**mireosseoyo (밀었어요)**
rapidas	**ppallayo (빨라요)**
(malrapidas)	**neuryeoyo (느려요)**
rapidis	**ppallasseoyo (빨랐어요)**
(malrapidis)	**neuryeosseoyo (느렸어요)**
realigas	**silhyeon sikyeoyo (실현 시켜요)**
realigis	**silhyeon sikyeosseoyo (실현 시켰어요)**
regalas	**daejeop-aeyo (대접해요)**
regalis	**daejeop-aesseoyo (대접했어요)**

reiras	**doragayo** (돌아가요)
reiris	**doragasseoyo** (돌아갔어요)
renkontas	**mannayo** (만나요)
renkontis	**mannasseoyo** (만났어요)
respektas	**jon-gyeong-haeyo** (존경해요)
respektis	**jon-gyeong-haesseoyo** (존경했어요)
respondas	**daedap-aeyo** (대답해요)
respondis	**daedap-aesseoyo** (대답했어요)
respondecas	**chaegimjyeoyo** (책임져요)
respondecis	**chaegimjyeosseoyo** (책임졌어요)
restas	**namayo** (남아요)
restis	**namasseoyo** (남았어요)
resumas	**yoyak-aeyo** (요약해요)
resumis	**yoyak-aesseoyo** (요약했어요)
revenas	**dorawayo** (돌아와요)
revenis	**dorawasseoyo** (돌아왔어요)
rezervas	**yeyak-aeyo** (예약해요)
rezervis	**yeyak-aesseoyo** (예약했어요)
rezignas	**pogi-haeyo** (포기해요)
rezignis	**pogi-haesseoyo** (포기했어요)
ribelas	**banhang-haeyo** (반항해요)
ribelis	**banhang-haesseoyo** (반항했어요)
ricevas	**badayo** (받아요)
ricevis	**badasseoyo** (받았어요)
riĉas	**buyu-haeyo** (부유해요)
(malriĉas)	**ganan-haeyo** (가난해요)
riĉis	**buyu-haesseoyo** (부유했어요)
(malriĉis)	**ganan-haesseoyo** (가난했어요)
ridas	**useoyo** (웃어요)
ridis	**useosseoyo** (웃었어요)
rifuzas	**geojeol-haeyo** (거절해요)
rifuzis	**geojeol-haesseoyo** (거절했어요)
rigardas	**barabwayo** (바라봐요)

rigardis	barabwasseoyo (바라봤어요)
riparas	gochyeoyo (고쳐요)
	suri-haeyo (수리해요)
riparis	gochyeosseoyo (고쳤어요)
	suri-haesseoyo (수리했어요)
ripozas	swi-eoyo (쉬어요)
ripozis	swi-eosseoyo (쉬었어요)
riproĉas	binan-haeyo (비난해요)
riproĉis	binan-haesseoyo (비난했어요)
rompas	kkaeyo (깨요)
rompis	kkaesseoyo (깼어요)
rompiĝas	kkaejyeoyo (깨져요)
rompiĝis	kkaejyeosseoyo (깨졌어요)
rostas	guwoyo (구워요)
rostis	guwosseoyo (구웠어요)
ruĝas	ppalgaeyo (빨개요)
ruĝis	ppalgaesseoyo (빨갰어요)
ruzas	gyohwal-haeyo (교활해요)
ruzis	gyohwal-haesseoyo (교활했어요)
saĝas	ttokttok-aeyo (똑똑해요)
(malsaĝas)	eoriseogeoyo (어리석어요)
saĝis	ttokttok-aesseoyo (똑똑했어요)
(malsaĝis)	eoriseogeosseoyo (어리석었어요)
salas	jjayo (짜요)
(malsalas)	sing-geowoyo (싱거워요)
salis	jjasseoyo (짰어요)
(malsalis)	sing-geowosseoyo (싱거웠어요)
saltas	ttwi-eoyo (뛰어요)
saltis	ttwi-eosseoyo (뛰었어요)
salutas	insa-haeyo (인사해요)
salutis	insa-haesseoyo (인사했어요)
samas	gatayo (같아요)
(malsamas)	dallayo (달라요)

samis	**gatasseoyo** (같았어요)
(malsamis)	**dallasseoyo** (달랐어요)
sanas	**geon-gang-haeyo** (건강해요)
(malsanas)	**apayo** (아파요)
sanis	**geon-gang-haesseoyo** (건강했어요)
(malsanis)	**apasseoyo** (아팠어요)
sanktas	**sinseong-haeyo** (신성해요)
sanktis	**sinseong-haesseoyo** (신성했어요)
satas	**bae-bulleoyo** (배불러요)
(malsatas)	**bae-gopayo** (배고파요)
satis	**bae-bulleosseoyo** (배불렀어요)
(malsatis)	**bae-gopasseoyo** (배고팠어요)
scias	**arayo** (알아요)
(ne scias)	**mollayo** (몰라요)
sciis	**arasseoyo** (알았어요)
(ne sciis)	**mollasseoyo** (몰랐어요)
scivolas	**algo sipeoyo** (알고 싶어요)
scivolis	**algo sipeosseoyo** (알고 싶었어요)
sekuras	**anjeon-haeyo** (안전해요)
sekuris	**anjeon-haesseoyo** (안전했어요)
sekvas	**ttaragayo** (따라가요)
sekvis	**ttaragasseoyo** (따라갔어요)
sendas	**bonaeyo** (보내요)
sendis	**bonaesseoyo** (보냈어요)
sentas	**neukkyeoyo** (느껴요)
sentis	**neukkyeosseoyo** (느꼈어요)
serĉas	**chajayo** (찾아요)
serĉis	**chajasseoyo** (찾았어요)
sidas	**anja isseoyo** (앉아 있어요)
sidis	**anja isseosseoyo** (앉아 있었어요)
silentas	**joyong-haeyo** (조용해요)
silentis	**joyong-haesseoyo** (조용했어요)
similas	**biseut-aeyo** (비슷해요)

similis	**biseut-aesseoyo** (비슷했어요)
sinceras	**seongsil-haeyo** (성실해요)
(malsinceras)	**bulseongsil-haeyo** (불성실해요)
sinceris	**seongsil-haesseoyo** (성실했어요)
(malsinceris)	**bulseongsil-haesseoyo** (불성실했어요)
skribas	**sseoyo** (써요)
skribis	**sseosseoyo** (썼어요)
soifas	**mog-i mallayo** (목이 말라요)
soifis	**mog-i mallasseoyo** (목이 말랐어요)
sonas	**sori nayo** (소리 나요)
sonis	**sori nasseoyo** (소리 났어요)
sonĝas	**kkum kkwoyo** (꿈 꿔요)
sonĝis	**kkum kkwosseoyo** (꿈 꿨어요)
sopiras	**galmang-haeyo** (갈망해요)
sopiris	**galmang-haesseoyo** (갈망했어요)
spiras	**sumswieoyo** (숨쉬어요)
spiris	**sumswieosseoyo** (숨쉬었어요)
staras	**seo isseoyo** (서 있어요)
staris	**seo isseosseoyo** (서 있었어요)
stariĝas	**ireoseoyo** (일어서요)
stariĝis	**ireoseosseoyo** (일어섰어요)
studas	**gongbu-haeyo** (공부해요)
studis	**gongbu-haesseoyo** (공부했어요)
subtenas	**huwon-haeyo** (후원해요)
subtenis	**huwon-haesseoyo** (후원했어요)
suĉas	**pparayo** (빨아요)
suĉis	**pparasseoyo** (빨았어요)
suferas	**gotongdang-haeyo** (고통당해요)
suferis	**gotongdang-haesseoyo** (고통당했어요)
sufiĉas	**chungbun-haeyo** (충분해요)
sufiĉis	**chungbun-haesseoyo** (충분했어요)
sugestas	**jean-haeyo** (제안해요)
sugestis	**jean-haesseoyo** (제안했어요)

sukcesas	**seong-gong-haeyo** (성공해요)
(malsukcesas)	**silpae-haeyo** (실패해요)
sukcesis	**seong-gong-haesseoyo** (성공했어요)
(malsukcesis)	**silpae-haesseoyo** (실패했어요)
supozas	**gajeong-haeyo** (가정해요)
supozis	**gajeong-haesseoyo** (가정했어요)
suspektas	**uisim-haeyo** (의심해요)
suspektis	**uisim-haesseoyo** (의심했어요)
suspiras	**hansumswieoyo** (한숨쉬어요)
suspiris	**hansumswieosseoyo** (한숨쉬었어요)
ŝancelas	**heundeureoyo** (흔들어요)
ŝancelis	**heundeureosseoyo** (흔들었어요)
ŝanĝas	**bakkwoyo** (바꿔요)
ŝanĝis	**bakkwosseoyo** (바꿨어요)
ŝanĝiĝas	**bakkwi-eoyo** (바뀌어요)
ŝanĝiĝis	**bakkwi-eosseoyo** (바뀌었어요)
ŝanceliĝas	**heundeullyeoyo** (흔들려요)
ŝanceliĝis	**heundeullyeosseoyo** (흔들렸어요)
ŝatas	**joa-haeyo** (좋아해요)
(malŝatas)	**sireo-haeyo** (싫어해요)
ŝatis	**joah-aesseoyo** (좋아했어요)
(malŝatis)	**sireo-haesseoyo** (싫어했어요)
ŝmiras	**ballayo** (발라요)
ŝmiris	**ballasseoyo** (발랐어요)
ŝtelas	**humchyeoyo** (훔쳐요)
ŝtelis	**humchyeosseoyo** (훔쳤어요)
ŝtopas	**teureomagayo** (틀어막아요)
ŝtopis	**teureomagasseoyo** (틀어막았어요)
ŝvitas	**ttami nayo** (땀이 나요)
ŝvitis	**ttami nasseoyo** (땀이 났어요)
telefonas	**jeonhwa-haeyo** (전화해요)
telefonis	**jeonhwa-haesseoyo** (전화했어요)
tiklas	**ganjireop-yeoyo** (간지럽혀요)

tiklis	**ganjireop-yeosseoyo** (간지럽혔어요)
timas	**geomnayo** (겁나요)
timis	**geomnasseoyo** (겁났어요)
tiras	**kkeureoyo** (끌어요)
tiris	**kkeureosseoyo** (끌었어요)
tondras	**cheondung-chyeoyo** (천둥쳐요)
tondris	**cheondung-chyeosseoyo** (천둥쳤어요)
trancâs	**jallayo** (잘라요)
trancîs	**jallasseoyo** (잘랐어요)
tremas	**tteoreoyo** (떨어요)
tremis	**tteoreosseoyo** (떨었어요)
trinkas	**masyeoyo** (마셔요)
trinkis	**masyeosseoyo** (마셨어요)
trompas	**sogyeoyo** (속여요)
trompis	**sogyeosseoyo** (속였어요)
trovas	**chajayo** (찾아요)
	balgyeon-haeyo (발견해요)
trovis	**chajasseoyo** (찾았어요)
	balgyeon-haesseoyo (발견했어요)
troviĝas	**balgyeon-dwaeyo** (발견돼요)
	isseoyo (있어요) (=estas)
troviĝis	**balgyeon-dwaesseoyo** (발견됐어요)
	isseosseoyo (있었어요) (=estis)
turmentas	**goeropyeoyo** (괴롭혀요)
turmentis	**goeropyeosseoyo** (괴롭혔어요)
turnas	**dollyeoyo** (돌려요)
turnis	**dollyeosseoyo** (돌렸어요)
turniĝas	**dorayo** (돌아요)
turniĝis	**dorasseoyo** (돌았어요)
tusas	**gichim-haeyo** (기침해요)
tusis	**gichim-haesseoyo** (기침했어요)
tuŝas	**geondeuryeoyo** (건드려요)
tuŝis	**geondeuryeosseoyo** (건드렸어요)

urĝas	**geupaeyo** (급해요)
urĝis	**geupaesseoyo** (급했어요)
utilas	**yuik-aeyo** (유익해요)
(malutilas)	**haerowoyo** (해로워요)
utilis	**yuik-aesseoyo** (유익했어요)
(malutilis)	**haerowosseoyo** (해로웠어요)
utiligas	**iyong-haeyo** (이용해요)
utiligis	**iyong-haesseoyo** (이용했어요)
uzas	**sseoyo** (써요)
uzis	**sseosseoyo** (썼어요)
uziĝas	**sseuyeoyo** (쓰여요)
uziĝis	**sseuyeosseoyo** (쓰였어요)
varmas	**deowoyo** (더워요)
(malvarmas)	**chuwoyo** (추워요)
varmis	**deowosseoyo** (더웠어요)
(malvarmis)	**chuwosseoyo** (추웠어요)
vartas	**dolbwayo** (돌봐요)
vartis	**dolbwasseoyo** (돌봤어요)
vastas	**neolbeoyo** (넓어요)
(malvastas)	**jobayo** (좁아요)
vastis	**neolbeosseoyo** (넓었어요)
(malvastis)	**jobasseoyo** (좁았어요)
venas	**wayo** (와요)
venis	**wasseoyo** (왔어요)
vendas	**parayo** (팔아요)
vendis	**parasseoyo** (팔았어요)
ventas (vento blovas)	**barami bureoyo** (바람이 불어요)
ventis (vento blovis)	**barami bureosseoyo** (바람이 불었어요)
verŝas	**bueoyo** (부어요)
verŝis	**bueosseoyo** (부었어요)
vidas (spektas)	**bwayo** (봐요)
vidis (spektis)	**bwasseoyo** (봤어요)
viŝas	**dakkayo** (닦아요)

viŝis	**dakkasseoyo** (닦았어요)
vizitas	**bangmun-haeyo** (방문해요)
vizitis	**bangmun-haesseoyo** (방문했어요)
vojaĝas	**yeohaeng-haeyo** (여행해요)
vojaĝis	**yeohaeng-haesseoyo** (여행했어요)
vokas	**bulleoyo** (불러요)
vokis	**bulleosseoyo** (불렀어요)
volas	**won-haeyo** (원해요)
volis	**won-haesseoyo** (원했어요)
zorgas	**geokjjeong-haeyo** (걱정해요)
zorgis	**geokjjeong-haesseoyo** (걱정했어요)